公路工程施工技术与质量控制

郝 铭 著

北京工业大学出版社

图书在版编目（CIP）数据

公路工程施工技术与质量控制 / 郝铭著. — 北京：北京工业大学出版社，2019.11
ISBN 978-7-5639-6822-0

Ⅰ. ①公… Ⅱ. ①郝… Ⅲ. ①道路施工－质量管理 Ⅳ. ①U415.12

中国版本图书馆CIP数据核字（2019）第105803号

公路工程施工技术与质量控制

著　　者：	郝　铭
责任编辑：	李　艳
封面设计：	点墨轩阁
出版发行：	北京工业大学出版社
	（北京市朝阳区平乐园100号　邮编：100124）
	010-67391722（传真）　　bgdcbs@sina.com
经销单位：	全国各地新华书店
承印单位：	定州启航印刷有限公司
开　　本：	787毫米×1092毫米　1/16
印　　张：	12.25
字　　数：	245千字
版　　次：	2019年11月第1版
印　　次：	2019年11月第1次印刷
标准书号：	ISBN 978-7-5639-6822-0
定　　价：	40.00元

版权所有　翻印必究

（如发现印装质量问题，请寄本社发行部调换 010-67391106）

作者简介

郝铭,女,河南安阳人,高级工程师,现为安阳市交通基本建设质量检测监督站总工,河南省综合评标专家库专家、安阳市公路学会专家库专家;近年来,主持安阳市公路建设项目质量监督、检测。

前　言

随着经济与交通运输业的快速发展，我国的公路工程建设也在如火如荼地进行。本书重点研究公路建设工程中的工程技术与质量控制这两项重要内容。工程施工技术对于工程建设的重要性在此不必过多赘述，质量控制作为建设监理对公路工程建设项目管理的一大目标，其意义不仅在于对公路工程建设竣工验收，更重要的是，它通过一系列检查工作贯穿在公路工程施工的全过程中。

在公路工程质量控制工作中，监理工程师不仅要熟悉设计图纸和施工技术规范，而且要了解影响工程质量的主要因素，熟悉质量数据的获取方法，并对质量数据的真伪良劣做出分析判别。同时，当公路工程施工过程中需要变更设计时，虽然不一定要求监理工程师进行具体设计，但对于承包人提供的变更设计应能提出审查意见，因此其必须熟悉某些项目有关的设计标准。

本书共八章，第一章为公路施工概述；第二章为路面施工技术；第三章为路面施工质量控制；第四章为路基施工技术；第五章为路基施工质量控制；第六章为桥梁施工技术；第七章为桥梁施工质量控制；第八章为公路施工的质量评价。

为了确保研究内容的丰富性和多样性，作者在本书写作过程中参考了大量与公路施工相关的理论与研究文献，在此向涉及的专家学者表示衷心感谢。

最后，限于作者水平，加之时间仓促，本书难免存在疏漏，在此，恳请同行专家和读者朋友批评指正！

目 录

第一章 公路施工概述 1
- 第一节 我国公路发展概况 1
- 第二节 公路的基本组成 6
- 第三节 公路的分级与标准 7
- 第四节 公路施工的基本程序 10
- 第五节 公路工程测量 16

第二章 路面施工技术 25
- 第一节 路面的结构与类型 25
- 第二节 路面基层施工技术 29
- 第三节 沥青路面施工技术 36
- 第四节 水泥混凝土路面施工 41

第三章 路面施工质量控制 49
- 第一节 路面工程施工的质量监督 49
- 第二节 基层施工的质量控制 53
- 第三节 不同类型路面的质量控制 65
- 第四节 路面养护与路面病害 68

第四章 路基施工技术 75
- 第一节 路基工程概述 75
- 第二节 土质路基施工 77
- 第三节 石质路基施工 84
- 第四节 路基的排水与防护工程施工 93

第五章 路基施工质量控制 101
- 第一节 路基施工的质量控制与验收 101

第二节　路基工程的试验检测 …………………………………………109
   第三节　路基施工的质量通病与防治 ……………………………………114

第六章　桥梁施工技术 ……………………………………………………………119
   第一节　桥梁工程的组成 …………………………………………………119
   第二节　桥梁上部施工技术 ………………………………………………124
   第三节　桥梁下部施工技术 ………………………………………………133
   第四节　涵洞施工技术 ……………………………………………………135

第七章　桥梁施工质量控制 ………………………………………………………139
   第一节　桥梁施工的技术标准 ……………………………………………139
   第二节　桥梁施工的质量评定 ……………………………………………141
   第三节　桥梁施工的质量控制 ……………………………………………143
   第四节　桥梁施工的质量通病与防治 ……………………………………156

第八章　公路施工的质量评价 ……………………………………………………161
   第一节　公路施工的质量评价概述 ………………………………………161
   第二节　路基施工的质量评价 ……………………………………………167
   第三节　路面施工的质量评价 ……………………………………………173
   第四节　桥梁施工的质量评价 ……………………………………………178

参考文献 ……………………………………………………………………………181

第一章　公路施工概述

由于我国经济飞速发展，互联网商业也逐渐发达，依靠公路交通运输的行业也不断增加。交通运输业不断发展有效推动了我国国民经济快速增长，交通成为经济发展的有效推力，公路工程是交通运输业的核心部分，良好的公路质量才能确保交通运输安全稳定。本章将分别对我国公路发展概况、公路的基本组成、公路施工的基本程序以及公路工程的测量进行分析。

第一节　我国公路发展概况

一、公路运输的地位和特点

由于我国幅员辽阔、物产丰富、人口众多，因此需要有一个四通八达且完善的交通运输体系，以进一步促进国民经济的发展，提高人们的物质文化生活水平。

（一）公路运输的地位

通过实践证明，交通运输是国民经济的命脉，是推动经济发展的"先行官"，同时也是将工业与农业、城市与乡村的生产和消费联系起来的纽带。因此，想要实现国民经济现代化，就必须要先实现交通运输现代化，这也是经济建设和发展的客观规律。

现代交通运输是由铁路、水运、航空、管道和公路等五种运输方式所组成的。它们各有分工又相互联系与合作，共同承担国家建设所需的原材料及产品的集散、城乡物资的交流及生产和生活必需品的运输任务。

①铁路运输对于远程的大宗货物及人流运输起着主要的作用。

②水运在通航的地区是廉价运输的首选。

③航空运输则起着快速运送旅客,还有运送贵重、紧急物品等的作用。

④管道多用于运输液态、气态以及散装物品(如石油、煤气等)。

⑤公路运输具有机动、灵活、直达、迅速、适应性强和服务面广的特点,对于客货运输,特别是短距离的运输,其经济效益尤其显著。

以上的五种运输方式,在技术经济上各有特点,各自适应着一定的自然地理条件和各类运输需要。它们在发展社会主义商品经济中,相互分工、相互连接、取长补短、协调发展,形成了统一的综合运输体系,为社会主义建设事业发挥了巨大的作用

公路运输在交通运输体系中占有较大的比重,是短途客货运输的主力,在缺乏铁路、水运或这些运输不是很发达的地区,公路运输就成了运输的主体。随着国民经济不断发展,特别是汽车专用公路(如高速公路、一级公路等)里程增加,公路运输在国民经济建设和社会服务等各方面的重要作用日益突出,并显示出广阔的发展前景。

(二)公路运输的特点

公路运输的主要有以下几个方面特点。

①公路运输的资金周转更快,社会效益也更加显著。

②公路运输的机动灵活性更强,可以在需要的时间、规定的地点将货物迅速集中或分散。

③公路运输的方式可以深入到货物集散点进行直接装卸而不需要中转,这便能够大量节约时间与费用,并且还能够减少货物的损失,并且对于短途运输而言效益更加显著。

④公路运输的适应性更强、服务面更广,与其他的交通运输方式相比局限性更小,受固定交通设施的限制也更小,并且还可以直接到达边远的山区、小镇及任何工矿企业的场地和厂区。

⑤公路运输与铁路、水运相比,由于所用的燃料较贵,服务人员多,单位运量较小等,因此运输成本偏高。但是这些缺点将随着汽车制造技术不断改进,公路技术等级提高及运输组织管理改善而逐渐克服。

由于我国近二十年来高等级公路迅速发展,汽车运输速度也得到了提高,载重量也在不断增大,因此公路运输已经成为我国目前采用最广泛的一种运输方式。

二、我国公路的现状和发展规划

（一）我国公路的现状

我国是一个历史悠久的文明古国，道路运输远比西欧各国发展得早。早在公元前 2600 年前就有了轩辕氏造舟车；秦始皇（公元前 259～前 210 年）统一六国后，为了巩固政权和便利商贾，开始修建气势宏伟、纵横国内的道路网。秦朝之后的各个封建朝代，都在道路交通方面进行了必要保养及有限扩充，但是由于封建统治对生产力的束缚，导致我国道路事业发展较为缓慢，交通运输工具也很少改进，长期停留在人力、畜力拉车的水平。

20 世纪初（1902 年），我国开始从发达工业国进口汽车，起初只是在上海等大城市街道上行驶。1913 年在湖南省修建了从长沙至湘潭的公路，揭开了我国交通运输史上公路与汽车运输的新篇章。到新中国成立前夕，全国共修建了 13 万 km 的公路其中大多数分布在沿海和中心地带，广大山区和边远的落后地区仍处于人力和畜力运输状态。那时的公路不仅数量少，而且技术标准低，工程质量差，再加上战争破坏能勉强维持通车的公路不到 8 万 km，其中高级、次高级路面仅 315km，而当时我国汽车保有量也只有 5 万辆。

新中国成立以来，党和国家对发展公路运输予以了应有重视，交通运输事业有了很大的发展。解放初期，公路建设的重点是西南、西北及其他大山区和少数民族地区，1954 年举世闻名的川藏、青藏公路全线通车。20 世纪 60 年代中期许多省区就已初步建成了地方公路网，省会之间的干道也基本开通。20 世纪 80 年代中期，我国开始修建高速公路。

从 1984 年底我国开始修建第一条高速公路——上海嘉定高速公路，到 1994 年，我国相继建成了广佛、沈大、京津唐、西临、济青等一批高速公路。

我国经过几十年的努力，全国 220 多个县市全部通了公路，93% 以上的乡和 70% 以上的村通了公路和汽车，形成了一个以北京为中心，与各大城市、省会及沿海经济开发区相连的四通八达的公路网。

截至 2016 年底，长江从上海至宜宾江段共建成 89 座长江大桥（含长江隧道）。如今，无论是长江天堑、黄河南北，还是我国许多其他的大江大河两岸，过去那种"隔河如隔天，渡河如渡险"的历史已经一去不复返了。

2018 年 12 月 28 日，随着龙（川）怀（集）和仁（化）博（罗）两条高速公路建成通车，广东省又新增了 2 条出省通道，也使广东省高速公路通车里程达到了 9 002km。至此，我国高速公路总里程突破 14 万 km。

（二）我国公路的发展规划

在新中国成立之后，我国在公路技术的发展方面取得了较大成绩，具体表现在以下几方面。

①全国已建立一批维护公路正常运营的养护力量。

②交通科研体系已经基本形成，交通教育已具相当规模。

③公路的设计理论，施工养护技术水平和机械化程度都有了很大提高。

④拥有了渣油路面、双曲拱桥、钻孔灌注桩、高原冻土带的沥青铺筑等具有我国特点的新成果。

⑤交通系统职工队伍数量和素质逐渐提高，他们除承担国内修建任务外，还先后赴亚、非等洲的二十余国承担经援任务，为增进与各国人民之间的友谊做出了显著贡献。

但是，我们也应该看到当前我国公路运输的现状还远不能适应国民经济发展的需要，仍有不足之处。

①公路数量少，密度低。按道路网密度计，我国道路网密度（0.11km/km^2）是荷兰的1/38，不到日本的1/26，是印度的1/54；若按人口计算，每100万人口拥有公路的数量，我国仅是美国的1/291。

②技术标准低，质量差。我国符合技术标准的公路只占总数的76%，其中二级以上的公路不到6%，70%的公路路面是砂石路面。

③通行能力不足。国道主干线有40%以上的路段超负荷运营，特别是在大中城市、港站枢纽、工矿基地的进出口，由于商品经济迅速发展，交通量增长很快，有的公路负荷甚至超出原设计通行能力的几倍。

④混合交通现象严重。由于混合交通造成的车辆行驶速度达不到设计速度和经济时速要求，同时交通拥挤、堵塞现象也日益突出，因而造成运力和燃料浪费情况相当严重。在一些干线道路上，平均车速因拥挤只能达到30km/h，仅此一项每年油料浪费就达 10 亿元。

⑤运输效率不高。有些车辆跑单程，造成公路上空车增加，这不仅增加了公路运输压力，而且也浪费了能源和运力。

改变这种公路建设与国家建设要求不相适应局面的途径，一是新建公路，进一步完善公路网；二是对现有公路进行技术改造，提高其技术等级，以满足社会对公路运输日益增长的需要。

随着交通量增长和车速提高，近些年来，我国在修建公路新线的同时，也集中了大量投资对原有公路进行技术改造。据各地统计资料分析，公路线形改造并铺筑高级、次高级路面后，与原有老路相比，不仅降低了养护费用，而且汽车运量提高了 30% 左右，燃料消耗降低了 10%～20%，行车速度提高了 20%～50%，大修间隔里程延长 20%，轮胎行驶里程延长 40%，运输成本降低了 15%～40%，由此可见其效果是显著的。实践证明，在新建公路的同时加速原有公路的技术改造是今后公路建设的一项长期而重要的任务。

为了加速我国公路网建设，改善公路施工技术，在科研工作方面，必须解放思想，实事求是，尊重科学技术，讲求实效，从我国国情和公路交通的特点出发努力学习国内外先进经验和技术，采用新理论、新技术、新工艺、新材料，使公路测量、设计、施工、养护的科技水平向前发展。在管理方面，坚持全面规划，统筹安排，充分调动中央和地方、政府和群众修建公路的积极性；贯彻自力更生、艰苦奋斗、修养并重、分期修建、逐步提高的原则；制定专业队伍与民工建勤相结合、国家投资与地方多渠道集资相结合、民办与公助相结合的方针，充分调动各方面的积极因素，努力使我国公路技术状况有较大改进和提高。

一个国家公路网的完善程度如何，不仅关系到公路运输的效益，还直接影响着国民经济发展。西方的一些发达国家如美、德、日、法、意等早在第二次世界大战期间及战后，就根据本国国情和政治、军事、经济发展的需要制定了宏伟的公路网规划，经过几十年努力，这些国家的路网建设已日趋完善，对其政治、经济、文化发展起了积极推动作用。

我国的国道主干线规划研究已于 1994 年 1 月完成并通过了鉴定，该规划紧密结合国情，面向未来 30 年，利用系统工程理论提出了"解决我国公路交通紧张的关键，就是抓主干线，重点建设汽车专用公路"的发展战略。国道主干线作为全国公路网的主骨架和全国运输大通道的组成部分，建成后，将有力改善我国的综合运输结构，提高运输效率，有利于缓解我国交通紧张局面；国道主干线的平均车速将比目前提高一倍左右，每年可带来 400 亿～500 亿元的直接经济效益。我国准备用 30 年的时间修建"五纵、七横"共 12 条主干线，总长达 3.5 万公里，形成将全国重点城市、工业中心、交通枢纽、对外口岸连接起来，与国民经济发展格局相适应，与其他运输方式相协调，由高速公路、一级公路和二级汽车专用公路组成的快速、安全的国道主干线系统。

第二节　公路的基本组成

一、公路路基

（一）公路路基的概念

公路路基是按线形设计的位置和横断面尺寸在天然地面上用土或石填筑成路堤（填方路段）或挖成路堑（挖方路段）的带状结构物，其主要作用是承受路面传递的车荷载，是用来支撑路面的重要基础。因此，路基本身必须要具有足够的强度及足够的稳定性，还应具有不易变形等特点，并且要能够防止水分及其他自然因素对路基本身的侵蚀和损害。

水是造成路基破坏的主要自然因素之一，因此为了排除地面水和地下水，保证路基使用寿命与强度，需设计完善的公路排水系统。

（二）公路路基的分类

路基防护工程是为了加固路基边坡，确保路基稳定而修建的结构物。按其作用不同，可具体分为以下三种类型。

①坡面防护：路基边坡坡面防护一般有植物防护、坡面处治及护坡与护面墙等。

②冲刷防护：冲刷防护除上述防护外，为调节水流流速及流向，防护路基免受水流冲刷，在沿河路基还可设置顺坝、丁坝、格坝等导流结构物。

③支挡构造物：支挡构造物一般是指填（砌）石边坡、挡土墙、护脚及护面墙等。

二、公路路面

公路路面是一种运用各种材料及混合料，分层或多层铺筑在路基顶面以供车辆行驶的层状结构物，其直接受车辆荷载作用和自然因素影响。因此，路面必须要具有能够满足车辆在其表面可以安全，迅速，舒适行驶的强度、刚度、平整度、稳定性以及抗滑性。

三、桥涵

桥涵是工业术语，是桥梁和涵洞的统称。

桥梁是在公路跨越河流、沟谷或其他线路时，为保证公路的连续性而设置的构造物。

涵洞是指在公路工程建设中，为了使公路顺利通过水渠不妨碍交通，设于路基下的排水孔道（过水通道），通过这种结构可以让水从公路的下面流过。涵洞主要由洞身、基础、端和翼墙等组成。涵洞根据连通器的原理，常用砖、石、混凝土和钢筋混凝土等材料筑成。其一般孔径较小，形状有管形、箱形及拱形等。

四、隧道

交通隧道是由主体建筑物与附属建筑物两个部分所组成的结构。隧道的主体建筑物由洞身衬砌和洞门建筑两部分所组成。隧道的主体建筑物是为了保持隧道稳定，保证行车安全运行而修的。隧道洞身衬砌的平、纵、横断面的形状由其几何设计而确定；衬砌断面的轴线形状和厚度由衬砌计算决定；洞门的构造形式由多方面因素决定，例如地形地貌、岩体稳定性、通风方式、照明状况及环境条件等。在洞门容易坍塌或在山体坡面有崩坍和落石地段，则应接长洞身（即早进洞或晚出洞），或加筑明洞洞口。

五、交通服务设施

交通服务设施指的就是在公路沿线所设置的一些与交通安全、服务环境保护以及养护管理等相关的设施，其目的便是为了保证行车安全、舒适、迅速与美观。

第三节　公路的分级与标准

一、公路分级

（一）技术分级

公路的技术等级是表示公路通行能力、技术水平和服务水平的指标。交通运输部颁布的《公路工程技术标准》（JTG B01—2014）（以下简称《标准》）中根据公路的使用任务、功能以及适应的交通量将公路分成了以下五个等级。

1. 高速公路

高速公路是一种专门供汽车分向、分车道行驶并全部控制出入口的多车道公路，属于我国的公路网骨干线。在高速公路上一般设有中央分隔带，全部立体交叉，并且还具备了完善的交通安全设施、管理设施以及服务设施。高速公路的设计年限通常为20年。

高速公路一般采用四、六、八车道数，其中四车道高速公路应能适应将各种汽车折合成小客车的年平均日交通量25 000～55 000辆，六车道为45 000～80 000辆，八车道为60 000～100 000辆。

2. 一级公路

一级公路是一种专门供汽车分向、分车道行驶，并可根据需要控制出入口的多车道公路，属于我国的公路网骨干线。但是当其作为集散公路时，纵横向干扰较大，因此为了保证汽车分道、分向行驶，可设慢车道供非汽车交通行驶；当其作为干线公路时，为保证运行速度、交通安全和服务水平，应根据需要采取控制出入口措施。一级公路的设计年限通常为20年。

一级公路一般采用四、六车道，四车道一级公路应能适应将各种汽车折合成小客车的年平均日交通量15 000～30 000辆，六车道为25 000～55 000辆。

3. 二级公路

二级公路是一种专门供汽车行驶的双车道公路，属于我国公路网内基本线。为了保证汽车在行驶过程中的速度及交通安全，在混合交通量大的路段，可设置慢车道供非汽车交通行驶。二级公路的设计年限通常为15年。

双车道二级公路应能适应将各种汽车折合成小客车的年平均日交通量5 000～15 000辆。

4. 三级公路

三级公路是一种专门供汽车行驶的双车道公路，属于我国公路网内基本线。同时，也可供拖拉机、畜力车、人力车等非汽车交通通行。其混合交通特征明显，设计速度可采用40km/h或30km/h。三级公路的设计年限通常为15年。

双车道三级公路应能适应将各种车辆折合成小客车的年平均日交通量2 000～6 000辆。

5. 四级公路

四级公路与三级公路相似，是一种专门供汽车行驶的双车道或单车道公路，属于我国公路网的支线。同时，也可供拖拉机、畜力车、人力车等非汽车交通通行。其混合交通特征明显，设计速度采用20km/h。四级公路的设计年限通常为10年。

双车道四级公路应能适应将各种车辆折合成小客车的年平均日交通量2000辆以下。单车道四级公路应能适应将各种车辆折合成小客车的年平均日交通量400辆以下。

（二）行政分级

1. 公路网

公路网的组成有国道、省道、县乡道三级体系。1988年，工作实行"统一领导，分级管理"的原则，把公路分为国家干线公路（简称国道）、省干线公路（简称省道）、县公路（简称县道）、乡公路（简称乡道）和专用公路。

2. 国道

国道是指在国家干线网中，具有全国性的政治、经济、国防意义的主要干线公路，包括重要的国际公路，国防公路，连接首都与各省、自治区、直辖市首府的公路，连接各大经济中心、港站枢纽、商品生产基地和战略要地的公路。

3. 省道

省道是指在省（自治区、直辖市）公路网中，具有全省性的政治、经济、国防意义，并由省级公路主管部门负责修建、养护和管理的省级公路干线。

4. 县道

县道是指具有全县政治、经济意义，连接县城和县内主要乡（镇）、主要商品生产和集散地的公路，还有不属于国道、省道的县际公路。县道由县、市公路主管部门负责修建、养护和管理。

5. 乡道

乡道是指直接或主要为乡村经济、文化、生产、生活服务以及乡村与外部联系的公路。乡道由县统一规划，由县、乡组织修建、养护和使用。由于乡村道路主要为农业生产，一般不列入国家公路等级标准。

6. 专用公路

专用公路是指专供或主要供厂矿、林区、农场、油田、旅游区、军事基地等与外部联系的公路。专用公路由专用单位负责修建、养护和管理，也可委托当地公路部门修建、养护和管理。专用公路的技术要求应按其专门制定的技术标准或参照公路工程技术标准执行。

二、技术标准

《标准》是国务院主管部门颁布的公路建设的技术法规，反映了我国公路建设的方针政策和技术要求，是公路勘测设计、修建和养护的依据。《标准》是根据公路设计与交通设计速度对路线和各工程结构设计的要求，这些要求被列为指标，用标准规定下来。它是根据理论计算和公路设计、修建经验同时结合我国国情而确定的。因此，在公路设计、施工、养护中，必须严格遵守。

采用技术标准时要防止两种错误倾向：一是只顾降低工程造价，而一味采用低标准；另一种是只强求线形好，不顾工程造价而采用高标准。

同时也要避免两种错误观念：一种是只求合法、不求合理；另一种是只求合理、不求合法。

第四节　公路施工的基本程序

一、基本建设及其内容构成

基本建设是指国民经济各部门为发展生产而进行的固定资产的扩大再生产，在西方国家，相当于国家"资本投资"。例如，为了增加社会生产能力新建工厂、学校、公路、桥梁、码头、矿井、电站、水坝、铁路等；为了扩大生产和提高效益而扩建生产车间、提高路面等级、修建永久性桥梁；为了提高生产效率，改进产品质量对原有设备及工艺进行整体性技术改造；原有公路的全面改建等，这些都属于基本建设的范畴。由此可见，凡是固定资产扩大再生产的新建、改建、扩建、恢复工程的建筑，添置，安装等活动及其与之连带的工作称为基本建设。

在我国，基本建设是发展国民经济，增强综合国力，迅速实现社会主义现代化，提高人民物质文化生活水平和加强国防实力的重要手段。因此，党和国家历来都十分重视基本建设事业，并制定、颁布了一系列政策、法规。通过十个五年计划，全国范围的大规模基本建设，我国已初步形成了比较完整的工业、交通运输体系和国民经济体系，使历史悠久的中华大地发生了天翻地覆的变化，为我国的改革开放事业和构建社会主义和谐社会提供了坚实的物质基础。基本建设工作应包括以下内容。

（一）建筑工程

建筑是指消耗建筑材料，使用工程机械，通过施工活动而建成的工程实体，如路基、路面、桥梁、隧道、厂房、水坝等构筑物。

（二）安装工程

安装是指基本建设项目需用的各种机械和设备安设、装配、调试等工作，如工业生产设备、公路及大型桥梁所需的各种机械、设备、仪器的安装及调试等。

（三）设备、工具及器具的购置

其包括属于固定资产的机器、设备、工具等用品的购置，如机械厂的机床、发电站的电力设备、高速公路的监控设备、路面养护用的沥青混合料拌和设备和摊铺机械等。

（四）勘察、设计及相关工作

它是指编制建筑工程施工依据的勘察设计文件所进行的工作，如公路工程的初步设计、施工图设计等，还有勘察、设计过程中必须进行的地质调查、钻探、材料试验和技术研究工作等。

（五）其他基本建设工作

其为确保基本建设工程顺利实施和正常运行而进行的基础工作，如土地征用、拆迁安置、人员培训等。

二、基本建设项目划分

基本建设工程无论大小都有其自身的复杂性，要进行若干项技术的、经济的和物质形态的工作。为了加强对基本建设工作的管理，便于编制设计文件、概预算文件和施工组织设计文件要便于工程招投标工作和施工管理，必须对基本建设项目进行科学分解和合理划分。基本建设工程可以划分为建设项目、工程项目、单位工程、分部工程和分项工程。

（一）建设项目

建设项目也可称为基本建设项目，指的是经过批准后，在一个设计任务书范围内，按照同一总体设计进行建设的全部工程。建设项目是由一个或者多个单项工作所组成的，在经济上实行统一核算，行政上也实行统一管理，通常是以一个企业（或联合企业）、事业单位或独立工程作为一个建设项目。公路工程一般是以单独设计的公路路线、独立桥梁作为基本建设项目。

（二）工程项目

工程项目也称单项工程，是指建设项目中具有独立的设计文件，建成后可独立发挥生产能力或使用效益的工程，如工业建筑中的生产车间、办公楼、仓库；民用建筑中的教学楼、图书馆、实验室、住宅；公路工程中独立合同段的路线、大桥、隧道等。

（三）单位工程

单位工程是单项工程的组成部分，是指在单项工程中具有单独设计文件和独立施工条件，而又单独作为一个施工对象的工程，如生产车间的厂房修建、设备安装；公路工程中同合同段内的路基、路面、桥梁、互通式立交、交通安全设施等。由此可见，单位工程一般不能独立发挥生产能力和使用效益。

（四）分部工程

分部工程是按工程结构、构造或施工方法不同所作的分类，它是单位工程的组成部分。如房屋的基础、地面、墙体、门窗，公路路基的土石方、排水、涵洞、大型挡土墙，桥梁的上、下部构造、引道等。

（五）分项工程

分项工程是指通过较为简单的施工过程就能生产出来，并且可以用适当计量单位计算的"假定"的建筑或安装产品。如 $10m^3$ 块石基础、$100m^2$ 水泥混凝土路面，一台某型号龙门吊的安装等。必须指出，分项工程只是建筑或安装工程的一种基本构成因素，是为了确定施工资源消耗和计算工程费用而划分的一种假定产品，以便作为分部工程的组成部分。因此，分项工程的独立存在是没有意义的，它不像上述项目那样是完整产品。

三、公路基本建设程序

公路基本建设程序是指公路基本建设项目从规划立项到竣工验收的整个建设过程中各项工作的先后顺序。这个顺序是由固定资产的建设过程，即基本建设发展进程的客观规律所决定的。科学的基本建设程序能正确处理基本建设工作中制定建设规划、确定建设项目、勘察设计、组织施工、竣工验收等各阶段与各环节之间的关系，指导基本建设工作有计划、按步骤地进行。公路基本建设涉及面广，既受地质、气候、水文等自然条件的制约，又受物资供应、技术水平等物质技术条件影响，同时还需要建设单位与设计、施工、监理、质量监督等单位和部门的协作配合。因此，公路基本建设项目必须严格按照规定程序实施，依次进行各个方面工作，才能达到预期效果，否则将可能给国家造成严重经济损失或给工程带来无法弥补缺陷。

（一）公路基本建设程序的流程

图 1-1 为公路基本建设程序的流程图，图中同时绘出了基本建设项目在设

计、施工阶段各应编制的施工组织设计文件的名称。所有大中型公路基本建设项目，都要严格按照公路基本建设程序运行，对于某些特殊的小型项目，经建设行政主管部门批准后可以根据实际情况适当简化建设程序。

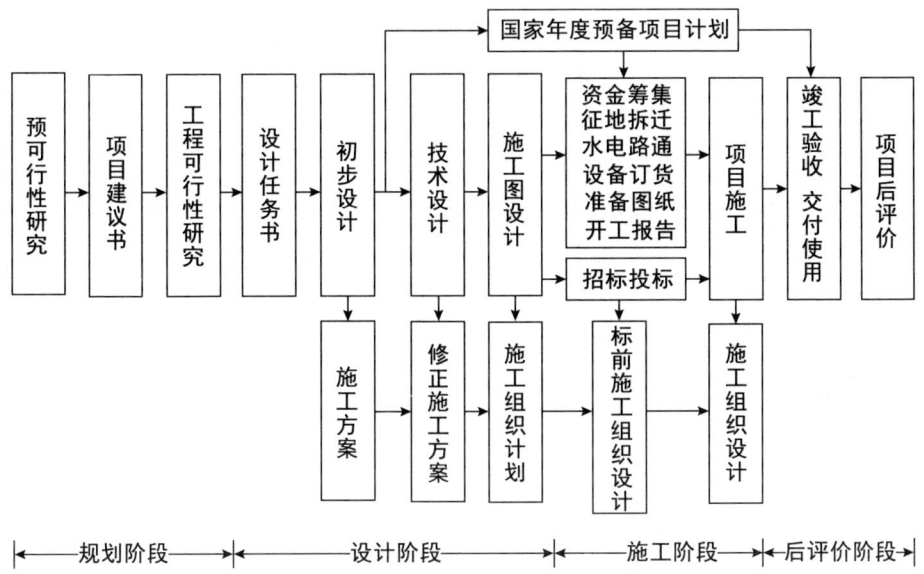

图 1-1　公路基本建设程序

（二）公路基本建设程序各阶段内容

为加强公路基本建设项目管理，公路建设还应当按照国家和交通运输部的有关规定实行项目法人制度、招标投标制度、工程监理制度和合同管理制度（通常称为"四项制度"）。现将公路基本建设程序各阶段的主要内容分别叙述如下。

1. 项目建议书阶段

项目建议书是建设单位（业主）向国家提出的要求建设某一项目的建议文件，是对建设项目的轮廓构想，这种构想可来自国家、部门和地方的发展规划与计划安排，或来自市场调查研究，或来自某种资源发现。项目建议书应对拟建项目的社会需求进行分析研究，明确为满足此需求所要达到的建设目标，包括经济目标、社会目标和环境目标，并考虑可能承担的风险。

2. 可行性研究阶段

项目建议书批准后，由政府交通主管部门组织项目的可行性研究。可行性研究是对拟建项目在技术上和经济上是否可行进行科学分析和论证工作，为项目决策（即该项目是继续实施还是放弃）提供依据。可行性研究的主要任务是通过多方案比较，提出评价意见，推荐最佳方案。

按可行性研究的工作深度，其划分为预可行性研究和工程可行性研究两个阶段。预可行性研究应重点阐明建设项目的必要性，通过踏勘和调查研究，提出建设项目的规模、技术标准，进行简要经济效益分析。工程可行性研究应通过必要的测量（高速公路、一级公路必须做）、地质勘探（大桥、隧道及不良地质地段等），在认真调查研究、占有必要资料的基础上，对不同建设方案从技术上和经济上进行综合论证，提出推荐方案。可行性研究报告的文件应符合《公路建设项目可行性研究报告编制办法》的规定。

可行性研究报告经审查批准后，项目才能正式"立项"。大中型项目和限额以上项目的可行性研究报告经批准后，可根据实际需要组成筹建机构，即组建项目法人。一般改建、扩建项目不单独设置机构，仍由原企业负责筹建。

3. 设计任务书阶段

设计任务书是项目确定建设方案的决策性文件，是编制设计文件的主要依据。设计任务书可由建设单位自行提出，也可由工程咨询公司代为拟定，或由建设单位与设计单位协商确定。

设计任务书的主要内容包括以下几个方面。

①建设依据和建设规模。

②路线走向和主要控制点，独立大桥桥址和主要特点。

③地理位置、自然条件和社会经济现状。

④工程技术标准和主要技术指标。

⑤设计阶段及完成时间。

⑥环境保护、城市规划、抗震、防洪、防空、文物保护等要求和采取的措施方案。

⑦投资估算和资金筹措。

⑧经济效益和社会效益。

⑨建设期限和实施方案。

4. 勘察设计阶段

不论按几个阶段设计，其中的施工图设计文件均由以下十三篇及附件组成，即总说明书；总体设计；路线；路基、路面及排水；桥梁、涵洞；隧道；路线交叉；交通工程及沿线设施；环境保护；渡口码头及其他工程；筑路材料；施工组织计划；施工图预算；附件。其中第二篇总体设计只用于高速公路和一级公路，附件内容为补充地质勘探、水文调查及计算等基础资料。

5. 建设准备阶段

项目在开工建设之前，要做好以下前期准备工作。

（1）预备项目。

初步设计已经批准的项目可列为预备项目。国家的预备项目计划，是对列入部门、地方编报的年度建设预备项目计划中的大中型项目和限额以上项目，经过对建设总规模、生产力布局、资源优化配置及外部协作条件等方面进行综合平衡后安排和下达的。

（2）建设准备的内容。

建设准备的主要工作内容主要分为以下五个部分。

①征地、拆迁和安置。

②完成施工用水、电、路工程。

③设备、材料订货。

④准备施工图纸。

⑤监理、施工招标投标。

（3）申报项目施工许可。

工程完成了规定的建设准备，并具备了开工条件以后，应申报项目施工许可。年度大中型项目和限额以上项目须经国务院批准，国家发展和改革委员会下达项目计划，其他项目可由部门和地方政府批准。

6. 建设施工阶段

建设项目开工报告一经批准，项目便进入了建设施工阶段。本阶段是项目决策的实施、建成投入使用、发挥效益的关键，因此建设单位、施工企业、监理单位都应认真做好各自工作。

公路项目开工建设的时间以开始进行土石方施工的日期作为正式开工日期。分期建设的项目，分别按各期工程开工的日期计算。施工活动应严格按照设计要求、技术规程、合同条款、预算投资、施工程序和顺序、施工组织设计，在保证质量、工期、成本等计划目标的前提下进行，达到竣工标准要求，经验收后移交使用。

7. 竣（交）工验收交付使用阶段

竣（交）工验收是建设全过程的最后一道程序，是投资成果转入使用的标志，是建设单位、设计单位和施工单位向国家汇报建设项目的生产能力或效益、质量、造价等全面情况及交付新增固定资产的过程。验收工作在建设项目按施工合同文件的规定内容全部完成后进行。

公路项目验收分为单项工程交工验收和整体项目竣工验收两个阶段。竣工验收由建设主管部门主持，依据国家有关规定组成验收委员会，按照相关要求组织验收。在工程验收前，建设单位要做好以下准备工作：组织设计、施工等单位进行工程初验，并向主管部门提出验收报告；整理技术资料，包括各种文件；绘制竣工图，必须准确、完整、符合档案管理要求；编制竣工决算验收合格的工程，应移交使用，并按有关规定办理交接手续。

8. 项目后评价阶段

项目后评价应经过建设单位自评和投资方评价两个阶段，包括以下内容。

①评估项目的实际成效。

②确定项目是否达到了预期目标和设计要求。

③检查设计、施工各个环节的实际质量重新计算实际财务效益和国民经济效益。

项目后评价可以肯定成绩、总结经验、探讨问题、吸取教训，并提出建议，作为今后改进投资规划、评估和管理工作参考。

第五节　公路工程测量

一、控制点的复测

平面控制点是公路施工过程中控制公路线形平面位置的重要依据，高程控制点是施工过程中控制公路路线高低的主要依据。平面控制点的任务是把设计图上的"公路线形"放样到实地，高程控制点的任务是把设计图上"公路路线的高程"放样到实地。

公路工程施工过程中，控制点对与构造物定位精度至关重要，应妥善保护。施工单位进驻工地后，采用的平面控制点、高程控制点是设计单位在勘测阶段布设的，因此施工单位首先应对这些点位认真勘察核实。一般来说，从路线勘察设计到路基正式开工，间隔时间都比较长，这期间在路线勘察设计阶段布设的导线点、交点、转点、水准点都难免损坏丢失。为了保证公路路线符合设计文件的要求，防止构造物偏位过大，施工单位在施工前必须对设计单位提交的全部控制桩点进行复测。

施工复测的主要目的是检验原有控制桩点的准确性，而不是重新测设。因此，经过复测，凡是与原来的成果或点位的差异在允许的范围内时，一律以原有的成果为准，不做改动。对经过多次复测，证明原有成果有误或点位有较大变动时，应报有关单位，经审批后才能改动。

（一）平面控制测量

平面控制测量常用的方法有全站仪导线测量和 GPS 测量等。

1. 全站仪导线测量

导线是由若干条直线连成的折线，每条直线称导线边，相邻两直线之间的水平角称为转折角。测定了转折角和导线边长之后，即可根据已知坐标方位角和已知坐标算出各导线点坐标。按照测区的条件和需要，导线可以布置成下列几种形式。

（1）附合导线。

导线起始于一个已知控制点，终止于另一个已知控制点。控制点上可以有一条边或几条边，它是已知坐标方位角的边，也可以没有已知坐标方位角的边。

（2）闭合导线。

导线由一个已知控制点出发，然后回到这一点，形成一个闭合多边形。在闭合导线的已知控制点上必须有一条边的坐标方位角是已知的。

（3）支导线。

支导线从一个已知控制点出发，既不到另一个控制点，也不回到原来的始点。由于支导线没有检核条件，故一般只用于地形测量的图根导线测量。导线测量工作分为外业和内业。

导线测量的外业工作主要包括：踏勘选点及建立标志、测边、测角等。布设导线时，应依据《公路勘测规范》（JTG C10—2007）（以下简称《规范》）要求，确定导线等级，并按照相应技术要求展开工作。

2. 伪距测量

伪距测量根据接收机接收到的 GPS 卫星发射的测距 A/C 码和电文内容，通过信号从发射到到达用户接收机的传播时间，计算出卫星和接收机天线间的距离。但由于 GPS 卫星时钟与用户接收机时钟难以保持严格的同步，存在有时钟差，所以观测的卫星与接收机天线间的距离均受到卫星钟与用户接收机钟同步差的影响，并不是真实距离，因此人们习惯上称所测距离为"伪距"。

3. 载波相位测量

人们通常会测定 GPS 卫星载波信号在传播路径上的相位变化值，以确定信号传播的距离。采用伪距观测量定位速度最快，而采用载波相位观测量定位精度最高。通过对 4 颗或 4 颗以上的卫星同时进行伪距或相位的测量即可推算出接收机的三维坐标。

（1）GPS进行平面控制测量的特点。

GPS用来做平面控制测量时，一般采用静态定位模式。静态定位模式是将GPS接收机安置在基线端点上，观测中保持接收机固定不动，以便能通过重复观测取得足够观测数据，以提高定位精度。这种作业模式一般是采用两套或两套以上GPS接收设备，分别安置在一条或数条基线的端点上，同步观测4颗以上卫星。较之于常规方法，GPS在布设控制网方面具有以下特点。

①测量精度高。GPS观测的精度要明显高于一般的常规测量手段，GPS基线向量相对精度一般在105～109，这是普通测量方法很难达到的。

②选点灵活，不需要造标，费用低。GPS测量，不要求测站间相互通视，不需要建造觇标，作业成本低，大大降低了布网费用。

③全天候作业。在任何时间、任何气候条件下，均可以进行GPS观测，大大方便了测量作业，有利于按时、高效完成控制网布设。

④观测时间短。采用GPS布设一般等级的控制网时，在每个测站上的观测时间一般在1～2h，采用快速静态定位的方法，观测时间更短。

⑤观测、处理自动化。采用GPS布设控制网，数据观测和处理过程均是高度自动化的。

（2）GPS静态作业的选点及布网。

①GPS网布设形式和实施方案：GPS静态网的布设形式通常有点连式、边连式和边点混合式三种形式。

②静态外业操作流程：放置脚架，对中整平，安置好仪器；量取天线高；打开接收机电源，接收机跟踪多于4颗以上卫星时，卫星指示灯慢闪，打开数据记录灯，此时开始记录数据（注：一定要保证数据记录灯亮，否则没有记录数据）；认真填写外业记录表；结束测量时，先关闭数据记录灯，再关闭接收机电源。

③内业数据处理：内业数据处理一般都是采用GPS接收机生产厂家配套软件进行，如Trimble公司的配套后处理软件Trimble geomatics office，它是基于Microsoft Windows的多任务操作系统，可以进行GPS数据后处理及RTK测量数据处理。它可以处理所有Trimble GPS的原始测量数据、其他品牌的GPS数据（RINEX）、传统光学测量仪器采集的数据以及激光测距仪数据。

整个软件包由多个模块构成，包括数据通信模块、星历预报模块、静态后处理模块、动态计算模块、坐标转换模块、网平差模块、RTK测量数据处理模块、DTMlink模块和ROADlink模块。

（二）高程控制测量

高程控制测量常用方法有水准测量和三角高程测量。

1. 水准测量

用水准测量法布设高程控制网时，应根据《规范》要求确定施测等级，并按照相关技术要求进行外业及内业计算工作。

2. 三角高程测量

山区或困难地区，可以采用三角高程测量的方法建立高程控制网，根据《规范》要求确定施测等级，并按照相关技术要求进行外业及内业计算工作。在三角高程路线的各边上，一般应进行往返测，又称对向观测（或称双向观测），即由 A 向 B 观测（称为直觇），又由 B 向 A 观测（称为反觇）。由 B 向 A 观测时可消除地球曲率和大气折光影响。

二、施工放样

（一）放样点位常用方法

放样点位的常用方法有极坐标法、全站仪坐标法、距离交会法、角度交会法、直接坐标法（如 GPS-RTK 法）等，采用经纬仪、全站仪、钢尺和 GPS 接收机进行。

1. 极坐标法

设 A、B 为已知点，P 为待放样点，其设计坐标为已知。在 A 上架经纬仪，放样一个角口，在放样出的方向上标定一个 P 点，再从 A 出发沿 AP 方向放样距离 S，即得待放样点 P 的位置。用某种标志在实地表示出 P 位置。

2. 全站仪坐标放样法

极坐标法放样，需要事先根据坐标计算放样元素，而放样元素计算是要根据仪器架设位置而定的，有时现场仪器架设位置会有变化，这就需要重新计算放样元素。而用全站仪坐标放样法，就不需要事先计算放样元素，只要提供坐标就行，而且操作十分方便。

全站仪架设在已知点 A 上，只要输入测站点 A、后视点 B 以及待放样点 P 的三点坐标，瞄准后视点定向，按下反算方位角键，则仪器会自动将测站与后视的方位角设置在该方向上，然后按下放样键，仪器自动在屏幕上用左右箭头提示，应该将仪器往左或右旋转，这样就可使仪器到达设计的方向线上，接着通过测距离，仪器自动提示棱镜前后移动，直到放样出设计距离，这样就能十分方便地完成点位放样。

3. 距离交会法

该方法需要先根据坐标计算放样元素 S_1、S_2，然后在现场分别以两已知点为圆心，用钢尺以相应的距离为半径画圆弧，两弧线的交点即为待定点位置。当距离用钢尺丈量时，待定点到已知点的距离不宜超过一尺段之长。

4. 角度交会法（方向交会法）

在量距不方便的场合常用角度交会法放样，放样元素是两个交会角 β_1、β_2，它们可按已知点的坐标和待定点的设计坐标计算得到。现场放样时在两个已知点上架设两架经纬仪，分别放样相应的角度。两架经纬仪视线的交点即是待定点 P 的平面位置。

5. 直接坐标法（GPS-RTK 法）

在公路工程测量领域里，测量工作者已不满足于只将 GPS 用作控制测量。特别是近几年来，高精度 GPS 实时动态定位技术 RTK 发展迅速，由于它能够实时提供在任意坐标系中的三维坐标数据，因而在公路中线测量中利用 GPS-RTK 直接坐标放样已很普遍。

GPS-RTK 是一种全天候、全方位的新型测量系统，是目前实时、准确地确定待测点位置的最佳方式。它需要一台基准站接收机和一台或多台流动站接收机及用于数据传输的电台。RTK 定位技术，是将基准站的相位观测数据及坐标信息通过数据链方式及时传送给动态用户，动态用户将收到的数据链连同自采集的相位观测数据进行实时差分处理，从而获得动态用户的实时三维位置。动态用户再将实时位置与设计值相比较，进而指导放样。

该方法将基准站 GPS 接收机安置在参考点上，打开接收机，除了将设置的参数读入 GPS 接收机外，输入参考点的当地施工坐标和天线高，基准站 GPS 接收机通过转换参数将参考点的当地施工坐标转化为 WGS-84 坐标，同时连续接收所有可视 GPS 卫星信号，并通过数据发射电台将其测站坐标、观测值、卫星跟踪状态及接收机工作状态发送出去。流动站接收机在跟踪 GPS 卫星信号的同时，接收来自基准站的数据，进行处理后获得流动站的三维 WGS-84 坐标，再通过与基准站相同的坐标转换参数将 WGS-84 转换为当地施工坐标，并在流动站的手控器上实时显示。接收机可将实时位置与设计值相比较，以指导放样。

GPS-RTK 定位技术具备其他测量仪器无法比拟的优点，采用一般仪器，如全站仪测量等，既要求通视，又费工费时，而且精度不均匀。RTK 测量拥有彼此不通视条件下远距离传递三维坐标的优势，并且不会产生误差累积，应用 RTK 直接坐标法能快速、高效率完成测量放样任务。

（二）高程放样

1 水准仪法放样

高程放样时，地面有水准点 A，其高程已知，设为 H_A；待定点 B 的设计高程为 H_B，要求在实地定出与该设计高程相应的水平线或待定点顶面。高程放样一般用水准仪。α 为水准点上水准尺的读数。待放样点上水准尺的读数 β 可由下式算得。

$$\beta = (H_A + \alpha) - H_B$$

当放样的高程点与水准点之间的高差很大时（如向深基坑或高楼传递高程时），可以用悬挂钢尺代替水准尺，以放样设计高程。悬挂钢尺时，零刻画端朝下，并在下端挂一个质量相当于钢尺鉴定时拉力的重锤，在地面上和坑内各放一次水准仪。设地面放仪器时对 A 点尺上的读数为 a_1，对钢尺的读数为 b_1；在坑内放仪器时对钢尺读数为 a_2，则对 B 点尺上的读数为 b_2。

由 $H_B - H_A = h_{AB} = (a_1 - b_1) + (a_2 - b_2)$ 得 $b_2 = a_2 + (a_1 - b_1) h_{AB}$。

用逐渐打入木桩或在木桩上画线的方法，使立在 B 点的水准尺上读数为 b_2，这样就可以使 B 点的高程符合设计要求。当对高程放样精度要求较高时，宜在待放样高程处埋设，高度可调整的标志。放样时调节螺杆可使标志顶端精确升降，直到标志顶面高程达到设计高程时为止，然后旋紧螺母以限制螺杆升降，为了更加牢固，往往还需采用点焊等方法使螺杆不能再升降。

2. 全站仪无仪器高作业法放样

对一些高低起伏较大的工程放样，如大型体育馆的网架、桥梁构件、厂房及机场屋架等，用水准仪放样就比较困难，这时可用全站仪无仪器高作业法直接放样高程。

三、横断面测量

绘制横断面图的工作量较大，为提高工效，防止错误，测绘人员应多在现场边测边绘，这样既可当场出图，省略记录，又可及时核对，发现问题，及时纠正，以保证横断面图的质量。

横断面图的比例尺一般是 1∶200 或 1∶100，横断面图通常绘制在米格纸上，图幅为 350mm×500mm，每隔 1cm 有一细线条，每隔 5cm 有一粗线条，细线间一小格为 1mm。

绘图时以一条纵向粗线为中线，以纵线、横线相交点为中桩位置，向左右两侧绘制。先标注中桩的桩号，再用铅笔根据水平距离和高差，将变坡点点在图纸上，然后用小三角板将这些点连接起来，这样就得到横断面的地面线。显然一幅图上可以绘制多个断面图，一般绘图顺序是从图纸左下方起，自下而上、由左向右，依次按桩号绘制。

根据路基横断面图可计算线路挖、填方数量。通常情况下，路基横断面图下方用 AW 表示挖方横断面面积，用 A- 表示横断面填方面积。只要把各相邻断面填、挖方体积计算出来，予以汇总就可求得施工标段的总方量。计算步骤如下。

①求相邻两横断面的平均面积 $(A_1+A_2)/2$。
②求相邻两横断面间距。
③计算土石方工程量，并累计。

由于施工段一般都较长，少则一两千米，多则几千米，每25m一个横断面，每千米40多个横断面，虽然计算简单，但量大而繁。为了准确快速地运算，可将公式编写成程序用计算机计算。

四、地形图测绘

地形图能全面、客观地反映地面地形地物情况，因此被广泛应用于各种工程建设中。地形图的测绘方法现在主要有全站仪数字化成图、摄影测量成图、遥感成图等。这里简单介绍全站仪数字化成图方法。

（一）野外碎部点采集

一般用"解算法"进行碎部点测量采集，将所测点位三维坐标 (x, y, H) 及其绘图信息储存在仪器内存或电子手簿中，同时还要记录测站参数、距离、水平角和竖直角的碎部点位置，信息及编码、点号、连接点和连接线形四种信息，在采集碎部点时要及时绘制观测草图。

（二）数据传输

将仪器或电子手簿与计算机用数据通信线连接，把野外观测数据传输到计算机中，每次观测的数据要及时传输，避免数据丢失。

（三）数据处理

数据处理通常分为以下两个部分。

1. 数据转换

数据处理是对野外采集的数据进行预处理，检查可能出现的各种错误，把野外采集到的数据编码，使测量数据转化成绘图系统所需的编码格式。

2. 数据计算

数据计算是针对地貌关系的，当测量数据输入计算机后，生成平面图形，建立图形文件，绘制等高线。

（四）图形处理与成图输出

编辑、整理经数据处理后所生成的图形数据文件，对照外业草图。修改整饰新生成的地形图，补测、重测存在漏测或测错的地方，然后加注高程、注记等，进行图幅整饰，最后成图输出。

第二章 路面施工技术

公路工程等基础设施施工技术的不断发展，为我国经济发展提供了强有力支撑，也满足了人们日常出行需求。随着城市化进程不断深入，城市发展对交通提出了更高的要求，公路施工项目也不断增多。路面作为公路的主要工程结构物，应不断完善施工技术，提高公路质量。本章主要阐述路面的结构与类型、路面基层施工技术、沥青路面施工技术、水泥混凝土路面施工。

第一节 路面的结构与类型

一、路面的结构

（一）面层

面层位于路面结构最上层，承受行车荷载的作用力，受天气变化的影响。因此，面层应具备较高的强度和刚度，良好的耐久性和抗滑性，较好的水和温度稳定性。一般来说，面层分两层或三层铺筑。例如，高速公路沥青路面的厚度较高，可分为三层铺筑。水泥混凝土路面的两层铺筑，分别使用不同标号的水泥混凝土材料。需要指出的是，用作封闭表面空隙、防止水分侵入面层的封层，简易的沥青表面处理及砂石路面上的磨耗层，都应看作面层的一部分。

（二）基层

基层位于面层之下，是用高质量材料铺筑的主要承重层。铺筑在基层之下的次要承重层是底基层。基层主要承受由面层传递的行车荷载垂直应力作用，使传递到垫层的应力在容许范围内。基层应具备足够的强度，较好的平整度，良好的耐久性和稳定性。

（三）垫层

垫层是位于基层和土基之间的结构层，主要起到隔水、隔温、排水、传递和扩散荷载等作用。另外，在碎石基层上铺设垫层能起到隔土的作用，避免土基进入基层而影响碎石基层结构的性能。施工时应根据垫层在路面结构中的作用选择垫层材料。透水性垫层主要包括砂、砾和炉渣等，稳定性垫层主要包括水泥稳定土和石灰稳定土等。

（四）联结层

联结层指为加强面层和基层的共同作用或减少基层裂缝对面层的影响，而设在基层上的结构层，经常被视为面层的组成部分。联结层一般采用颗粒较大的沥青稳定碎石、大粒径透水性沥青稳定碎石或沥青贯入式。

二、路面的类型

（一）柔性路面

在柔性基层上铺筑沥青面层或用具有较强塑性能力的细粒土稳定集料的路面结构称为柔性路面。柔性路面的强度和刚度较小，在行车荷载作用下容易变形。土基的强度、刚度及稳定性对路面结构的整体质量有较大影响。荷载通过各种结构层传递到土基，土基受到较大单位的压力。

（二）刚性路面

刚性路面主要指用水泥混凝土作为面层或基层的路面结构。刚性路面比柔性路面的强度和刚度高，具有较强的抗弯拉性。在刚性路面中，水泥混凝土一般处于板体工作状态，依靠水泥混凝土板的抗弯拉强度承受车辆荷载作用。通过水泥混凝土的扩散作用，传递到基础上的单位压力较小。

（三）半刚性路面

铺筑在半刚性基层上的沥青路面称为半刚性路面。半刚性路面介于柔性路面和刚性路面之间，在前期时具有柔性路面的力学性质，后期的强度和刚度均有增长，但比刚性路面的强度和刚度弱。半刚性路面的材料主要包括炉渣、水泥土、石灰土、稳定粒料等。

（四）复合式基层路面

上部使用柔性基层，下部使用半刚性基层的基层称为复合式基层，它是受力特点处于半刚性基层和柔性基层中间的一种结构，可以提高柔性路面的承载能力，在加铺沥青面层之后被称为复合式路面。

半刚性基层的整体性好，但易形成温度裂缝和干缩裂缝，并经反射造成沥青面层开裂，水渗入后在行车荷载的作用下出现唧浆现象，进而形成公路路面的早期损坏。将半刚性基层用作下基层，上覆以柔性基层，成为复合式结构，该结构不仅可以提高基层承载力，也可以扩散半刚性基层裂缝产生的水平应力，进而截断反射裂缝向上传递的途径。同时，柔性基层多采用级配碎砾石结构，具有一定的排水功能。进一步完善基层边缘排水设计，应能起到预防路面早期破坏的效果。重交通量和多雨潮湿地区目前已开始复合式基层路面的研究和实践。

三、路面的基本要求

（一）足够的强度

行驶在路面上的车辆，通过车轮将水平力和垂直力传给路面。另外，路面还受到车辆冲击力、震动力以及车身后真空吸力的作用。受上述外力的作用，路面结构内会产生多种应力作用。路面结构的强度不足，路面就会出现磨损、开裂、沉陷、波浪等病害，进而造成路面大面积破坏，导致中断交通。因此，路面应具有足够强度，以抵抗行车荷载作用。

（二）足够的刚度

刚度是指路面结构整体或某一部分抵抗变形的能力。刚度与强度既有联系，又有区别。即使路面的强度足够，但其刚度不足时，路面也会发生变形。设计人员在设计路面时，应保持路面足够的刚度，分析荷载和变形关系，让路面整体结构及其组成部分的变形量在容许范围内。石灰、水泥稳定类等材料的刚度过大时，容易产生裂缝。因此，施工时应考虑路面材料的组成比例。

（三）足够的稳定性

路面结构袒露在自然环境之中，经受水和温度等影响，使其力学性能和技术品质发生变化，路面稳定性包括以下内容。

①高温稳定性。在夏季高温条件下，沥青材料如没有足够的抗高温的能力，其就会发生泛油、面层软化，在车辆荷载的作用下产生车辙、波浪和推挤，水泥路面则可能发生拱胀开裂。

②低温抗裂性。冬季低温条件下，路面材料如没有足够的抗低温能力，会

出现收缩、脆化或开裂，水泥路面也会出现收缩裂缝，气温骤变时出现翘曲而破坏。

③水温稳定性。雨季路面结构应有一定的防水、抗水或排水能力，否则在水的浸泡作用下，强度会下降甚至出现剥离、松散、坑槽等破坏。

（四）良好的平整度

路面应具备良好的平整度，以减少行车振动作用的冲击力，保证行车速度，提高行车的安全性和舒适性。道路等级越高，对路面的平整度要求越高。不平整的路面会使车辆产生附加振动作用，导致行车颠簸，造成车辆磨损，增大油量消耗。这种振动作用会对路面施加冲击力，加剧路面损坏。另外，不平整的路面还会积滞雨水，加剧路面破坏。路面的平整度与路面的强度和刚度有关，强度和刚度较弱的路面，不能承受车辆荷载的反复作用，容易出现磨损、开裂、推挤、沉陷等病害，破坏路面平整性。

（五）良好的抗滑性

路面应具有良好的抗滑性。如果路面光滑，车轮与路面之间的附着力就会减小，容易出现打滑、空转现象，增加油耗量，降低行车速度和安全性。在雨雪天气高速行车、紧急制动或突然启动时，车轮极易出现打滑或空转，严重时会引起交通事故。路面上的行车速度越高，对路面的抗滑性要求越高。

（六）良好的耐久性

阳光的曝晒、水分的浸入和空气氧化都会对路面结构和材料产生作用，尤其是沥青材料会出现老化，并失去原有技术品质，导致路面开裂、脱落，甚至大面积松散破坏。因此，在修筑路面时，应选择耐久性较好的路用材料，延长路面使用寿命。

四、路面施工的方法

（一）人工路拌法

20世纪80年代以前我国路面程施工主要采取这种方法。人工摊土（石料）、人工拌和、简易机械压实，基层施工主要有人工翻拌法、人工筛拌法等，沥青面层施工主要有沥青灌入式和人工冷拌沥青混合料、使用炒盘人工拌和沥青混合料等。其主要的特点是用工数量大，劳动强度大，工作效率低，工程质量受人为因素影响大，且质量不稳定，安全生产和防护措施比较严格，安全生产难度大。

（二）机械路拌法

20世纪80年代以后，我国开始引进德国生产的宝马牌路拌机，路面基层施工开始以机械路拌法为主，其操作是以人工或机械分层摊铺各种路用材料，然后用路拌机械拌和整形后碾压成形，这也是目前路面底基层和二级以下公路路面基层常用的施工方法。其主要特点是用人工数量大大减少，混合料拌和质量较好，但如不严控拌和深度，易出现素土夹层。对于高速公路和一级公路除直接和土基相邻的路面底基层外，不宜采用机械路拌法施工，而应采取厂拌机铺法施工。

（三）厂拌机铺法

随着高速公路的快速发展，无机结合料稳定粒料路面基层得到了广泛应用，这种结构多使用厂拌机铺法。此外，沥青碎石和沥青混凝土路面的施工，水泥混凝土路面的施工，也采用厂拌机铺法，即用专门的厂拌机械拌制混合料，用专门的摊铺机械摊铺路面的施工方法。其主要特点是机械化程度高，混合料配比准确、厚度控制、高程控制比较直观，但需要大量的自卸运输车辆。

第二节　路面基层施工技术

一、路面基层概述

（一）路面基层的概念

在路面结构中，位于面层之下的主要承重层为基层，基层之下的次要承重层为底基层。基层是路面结构的重要组成部分，其可以抵御环境因素的影响，承受一定的行车荷载作用。因此，基层一般使用高质量的材料铺筑，以具有足够的强度、耐久性和稳定性。

（二）路面基层的特点

路面的基层（底基层）可分为无机结合料稳定类和粒料类。无机结合料稳定类又称半刚性基层，一般包括水泥稳定类、石灰稳定类和综合稳定类。粒料类包括级配碎（砾）石、填隙碎石、泥结碎石、天然沙砾（石）。

粒料类中的泥（灰）结碎石、填隙碎石属于嵌锁型基层（底基层），其强度和稳定性取决于碎石之间的内摩阻力及黏结力，即其很大程度上取决于石料的强度、尺寸、形状、密实度等。

粒料类中的级配碎（砾）石、符合级配的天然沙砾属于级配型基层（底基层），其强度和稳定性取决于粒料之间的内摩阻力和黏结力，即很大程度上取决于碎（砾）石的类型、最大粒径、细料含量、塑性指数、密实度等。

在目前国内的一级公路及高速公路施工中，底基层一般采用石灰土底基层、二灰土底基层和级配碎石底基层；基层一般采用二灰碎石基层和水泥稳定级配碎石基层。

二、水泥稳定土施工

（一）水泥稳定土形成原理

在水泥稳定土中，由于水泥用量很少，水泥的水化完全是在土中进行的，土在这一过程起着很大的作用。水泥和土拌和后，土中的水分和水泥的矿物发生水化和水解反应，形成各种水化物，一些水化物与有活性的土进行反应，一些则硬化形成水泥石骨架。水泥稳定土强度主要依靠离子交换、团粒化作用、硬凝反应及碳酸化作用形成。

（二）水泥稳定土的材料要求

1. 土质

凡能被经济粉碎的土，都可用水泥稳定。土的质量要求有压碎值、最大粒径、颗粒组成、液限、塑性指数、有机质含量、硫酸盐含量等。水泥稳定土的质量指标，如表2-1所示。

表2-1 水泥稳定土用土的质量指标

项目	二级及二级以下公路		高速公路、一级公路	
	基层	底基层	基层	底基层
液限	—	<40	<28	<40
塑性指数	—	<17	<9	<17
均匀系数	>10	>5	>10	>5
有机质含量	≤2%		≤2%	
硫酸盐含量	≤0.25%		≤0.25%	
压碎值	≤35%	≤40%	≤30%	
最大粒径（mn）	≤375	≤53	≤31.5	≤37.5

2. 水泥

宜选择终凝时间大于 6h 以上的水泥。如果终凝时间不能满足时间要求，可加入适量缓凝剂进行调节。可使用普通硅酸盐水泥、矿渣硅酸盐水泥及火山灰质硅酸盐水泥，不可使用受潮变质水泥、快硬水泥及早强水泥。

3. 石灰

应使用生石灰粉或消石灰粉。生石灰粉的有效钙加氧化镁含量消石灰应大于 55%，镁质生石灰应大于 60%，钙质生石灰应大于 70%。如果使用消石灰，应提前将消石灰充分消解成粉状，并设棚存放。

4. 水

施工用水应洁净，不含有害物质。凡是饮用水（含牲畜饮用水）均可用于水泥稳定土施工。

（三）水泥稳定土的施工流程

在路面基层稳定土混合料的搅拌和摊铺施工中，广泛采用路拌法和厂拌法施工工艺，具体选用哪种方法，应根据公路施工技术规范要求及施工单位拥有的机械设备来决定。路拌法施工仅适用于二级及以下公路和高速公路、一级公路直接铺筑在土基上的底基层。这里叙述其施工工艺流程时，以水泥稳定土为例，其工艺流程如下。

1. 准备下承层

当水泥稳定土用作基层时，应准备底基层；当水泥稳定土用作底基层时，应准备土基。底基层和土基都应按照规范进行验收，如果已经遭到破坏，应采取以下措施进行处理，达到标准后才能铺筑水泥稳定土层。

①用 12～15t 的三轮压路机或碾压机碾压土基。在碾压过程中，如果发现土过于湿润，应采取挖开晾晒、掺石灰或粒料、换土等措施；如果发现土过于干燥，应适当洒水。

②应根据具体路段的底基层检查结果，采取针对性解决措施，如加厚底基层、补充碾压、挖开晾晒、更换材料等。

③应填补底基层上的坑洞，压平基底层上的低洼，刮除车辙和搓板。对于底基层上的松散处，应重新耙松、碾压。

④逐一断面检查底基层或土基是否符合设计要求。

2. 测量放样

施工时一般进行水平测量，在两侧指示桩上用红漆标出水泥稳定土层边缘的设计高。

①在验收合格后,施工摊铺前,在底基层或土基上恢复中线。一般来说,直线段每隔 15~20m 设一桩,平曲线段每隔 10~15m 设一桩。

②每 200~300m 增设一个临时水准点,用红漆在指示桩上标出设计标高作为施工控制标准。

③测量放样后,清扫下承层,并在上料前洒水湿润,使下承层潮湿而无积水。

④确定合理的作业长度。

3. 洒水闷料

如果已整平的土层中含水量过小,应在土层上洒水闷料,保持水分合适均匀。水泥稳定土应预先闷料。

4. 备土集料

①采用老路面或土基上部材料做铺筑材料时,应首先清除垃圾、石块等杂物,翻松老路面或土基上部至路基顶面标高,并使土块破碎到要求粒径,初步按设计路拱和预计的松铺厚度整形。

②采用料场的土(含细粒土和中、粗粒土)时,应首先将料场的草皮、树木和杂土清理干净,筛除超粒径的颗粒,使之满足最大颗粒要求,塑性指数大于 15 的黏性土,可视土质和机械性能确定其是否需要过筛。

③计算土或集料用量,计算每车料对应的卸料距离或卸料面积,在同料场供料的路段内,由远到近将集料按照计算距离或面积,卸置于下承层表面的中间或两侧。

④当集料采用多种不同的规格的碎石需按比例掺配时,可计算出不同规格的碎石在每延米的体积,备料时各规格碎石分别运铺,运到后首先码成一个三角形断面或梯形断面的料带。断面尺寸根据该规格材料用量,该材料的松方干重及材料料堆自然休止角(决定三角形断面的坡度)计算求得,然后机械或人工摊铺在道路的全断面上铺完一种规格,用小型压路机或链轨车稳定 1~2 遍,再运另一种规格的碎石,直至全部材料运铺完成。

5. 整平轻压

土层预湿后,应整形成要求的坡度和路拱,并用压路机碾压 1~2 遍,使表面整平并具有一定的密实度。

6. 摊铺水泥

①根据水泥稳定土层的宽度,计算摆放水泥的行数及每行水泥间距。根据计算结果,在现场划出标记。

②根据每袋水泥的摊铺面积和每行水泥间距,计算每袋水泥的纵向间距。

③按每袋水泥的纵横间距,用石灰线划格网,标出摆放位置。

④将水泥运到摊铺路段后，按事先做好的标记摆放水泥，并且应检查有无遗漏和多余。将水泥袋拆开，倒出水泥后，用刮木板将水泥均匀摊开。

7. 拌和

对于二级及以上公路，应使用稳定土专用拌和机进行拌和，并设专人跟机检查拌和质量。拌和深度检查宜开挖检查，每 5～10m 应挖检查坑。有些单位使用钢钎插检拌和深度，这样不能发现素土夹层，是不可取的。通常拌和应在 2 遍以上，对发现素土夹层的部位，可使用多铧犁紧贴下承层表面翻拌一遍，然后使用专用拌和机复拌。

对于三级及以下公路，也要尽量使用稳定土专用拌和机进行拌和。如果没有专用拌和机，可使用农用多铧犁、旋耕机或平地机配合拌和。应注意检查拌和的均匀程度，土颗粒的最大粒径等。拌和过程中，应及时检查混合料含水量，含水量应当均匀，并控制在略大于最佳含水量。

8. 整形碾压

在直线段和不设超高的平曲线段，使用平地机从道路两侧向中间刮平；在设超高的平曲线段，由道路内侧向外侧刮平，然后使用链轨拖拉机或压路机在路面上进行碾压、整形。整形后再使用前述方法再次碾压，对于局部低洼处，应先耙松表层 5cm 以上，再用新混合料找平，之后再次稳压找平。每次整形都应达到规定的坡度和路拱。

碾压过程中，应保持表面湿润，如果出现起皮、松散等现象，应及时翻松并重新添加适当的稳定材料，重新拌和，然后一起压实。碾压完成前，应迅速检测标高和横坡，对于高出设计标高的部位，可用平地机刮除，对于局部低洼处，留待铺筑其上层次时处理。

水泥稳定类混合料从掺拌水泥到碾压完成的时间，称为延迟时间。虽然在配合比设计和施工时选用了终凝时间较长的水泥，但是水泥是一种速凝性材料，施工时应在试验确定的延迟时间内完成碾压。碾压完成后，混合料基层应达到要求的压实度，且在表面没有明显轮迹。

9. 接缝处理

横向接缝：同日施工的路段衔接处，应采用搭接，即前一路段整形后，留 5～8m 不进行碾压，后一段施工时，将未碾压的部分与后一段一起碾压。第二天完成拌和作业之后，移去方木，用人工补充拌和靠近方木未能拌和的那段，并用混合料回填不足的部分，与正常施工段一起整形。

纵向接缝：稳定土基层施工时，应该避免纵向施工，确因无法封闭交通等原因必须纵向施工时，纵缝应垂直相接。

三、石灰稳定土施工

（一）石灰稳定土形成的原理

在土中掺入适当的石灰，并在最佳含水量下压实后，就发生了一系列的物理力学作用，也发生了一系列的物理化学作用，从而使土的性质发生了根本改变。石灰稳定土强度形成主要依靠离子交换作用、火山灰作用、碳酸化作用、结晶作用。

（二）石灰稳定土的材料要求

1. 土质

各种成因的亚黏土、亚砂土、粉土类土、黏土类土都可以用石灰来稳定。但要选用强度高还要易于粉碎，便于碾压成型的土质。实践证明，黏质土的强度较好，稳定效果显著。

2. 石灰

石灰消解后不能在空气中存放过久，以免碳化降低活性，要尽量缩短石灰的存放时间。在野外堆放时，应堆放成高堆，并使用篷布覆盖，避免风吹日晒。高速公路和一级公路应使用磨细生石灰粉。

3. 水

水应洁净，不含有害物质。一般人或牲畜饮用的露天水源均可用于石灰土施工。水是石灰稳定土的重要组成部分，具有以下作用：①使石灰与土发生反应，从而提高强度。②土的粉碎、拌和压实的必要条件，在最佳含水量下可达到最佳压实效果。③养护时要保持一定湿度。

（三）石灰稳定土的施工流程

1. 准备工作

（1）准备下承层。

当石灰稳定土用作基层时，应准备底基层；当石灰稳定土用作底基层时，应准备土基。底基层与土基都应按照规范进行验收，达到标准后，才能在上方铺筑石灰稳定土。

（2）测量。

恢复底基层或土基的中线，直线段每隔 15～20m 设一桩，平曲线段每隔 10～15m 设一桩，并在对应断面的路肩外侧设指示桩，在两侧指示桩上用红漆标出石灰稳定土层边缘的设计高度。

（3）备料。

①集料。应在预定采料深度范围内自上而下采集集料。如果分层采集，应将集料分层堆放在场地上，然后从前到后，将集料运到施工现场。

②石灰。石灰宜选在公路两侧宽敞而邻近水源且地势较高的场地集中堆放。堆放时间较长时，应设棚存放。应在使用前 7～10d 充分消解石灰。消解后的石灰应保持一定的湿度，并尽快使用。

2. 运输

运输中应保持预定堆料的下层适当湿润；保持每辆车的运输数量基本相等；控制卸料位置，将集料按照计算距离进行卸置；掌握卸料程度，避免料过多或不足；料堆每隔一定距离应留缺口。

3. 摊铺

摊铺是将集料层与土层摊铺均匀，并进行碾压、整形，再将石灰均匀摊铺在集料层或土层上。摊铺宜采用人工摊铺石灰，路拌机械不能使石灰在混合料中分布均匀。

4. 拌和

应使用稳定土拌和机拌和集料，拌和深度应达到稳定层底部，并设专人跟随拌和机，随时检查拌和情况。一般情况下，应拌和两遍以上，避免素土夹层。

5. 洒水

在拌和过程中，应及时检查含水量，保持水分合适均匀。水量不足时，使用喷管式洒水车进行洒水。在洒水过程中，应及时清除超尺寸颗粒和局部过湿之处。洒水车不应停留在拌和路段，避免局部水量过大。

6. 整形

混合料拌和均匀后，应用平地机初平。在直线段，使用平地机从道路两侧向中间刮平；在平曲线段，由道路内侧向外侧刮平。然后用轮胎拖拉机、压路机或平地机碾压。

7. 碾压

当混合料处于最佳含水量时，应立即使用压路机进行碾压。碾压遵循先慢后快、先轻厚重的原则。一般需要碾压 6～8 遍，以达到设计要求的密实度，表面无明显轮迹。禁止压路机在已完成的或正在碾压的路段上急刹车或掉头，以免稳定土表面受到损坏。碾压结束前，应使用平地机终平。

8. 养护

在石灰稳定土养护期间，应保持合适湿度。养护时间应大于 7d。应根据具体情况采用洒水、覆膜、覆土、覆沙等养护措施。每次洒水时，应用压路机将表层压实。未采取覆盖措施的石灰稳定土层，除洒水车外，应封闭交通，采取覆盖措施；不能封闭交通时，通过时车速应小于30km/h。

第三节 沥青路面施工技术

一、沥青路面的选择

沥青混凝土是适合现代交通的一种优质高级面层材料。铺筑在坚硬基层上的优质沥青混凝土面层可使用20～25年，国外的重交通道路和高速公路主要采用这种面层形式。高速公路、一级公路的表面层、中面层、下面层应采用沥青混凝土；二级公路的表面层宜用沥青混凝土。工程实践可参照表2-2选定。

表2-2 沥青面层类型的选择

公路等级	路面等级	面层类型	设计年限（年）	累计标准轴次（万次/1车道）
高速公路	高级路面	沥青混凝土 沥青玛蹄脂碎石混合料	15	>400
一级公路		沥青玛蹄脂碎石混合料		
二级公路	高级路面	沥青混凝土	12	>200
	次高级路面	热拌沥青碎石 沥青贯入式	10	100～200
三级公路	次高级路面	乳化沥青碎石 沥青表处	8	10～100
四级公路	中级路面	填隙碎石、级配碎（砾）石 半整齐石块路面	5	≤10
	低级路面	粒料改善土	5	

密级配沥青混凝土混合料（AC）适用于各级公路沥青面层的任何层次；沥青玛蹄脂碎石混合料（SMA）适用于铺筑新建公路的表面层、中面层或旧路面加铺磨耗层；设计空隙率6%～12%的半开级配的沥青碎石混合料（AM）仅适用于三级及三级以下公路、乡村公路，且沥青混合料拌和设备缺乏添加矿粉装置和人工炒拌的情况；设计空隙率3%～6%的粗粒式及特粗式密级配沥

青稳定碎石混合料（ATB）适用于基层；设计空隙率大于18%的粗粒式及特粗排水式沥青稳定碎石混合料（ATPB）适用于基层；设计空隙率大于18%的细粒排水式沥青稳定碎石混合料（OGFC）适用于高速行车、多雨潮湿、不易被尘土污染、非冰冻地区铺筑排水式沥青路面磨耗层。开级配排水式沥青混合料基层（ATPB）的下卧层应具有排水和抗冲刷能力，工程上必须通过试验，取得成功的经验，并经过论证后使用。特粗式沥青混合料适用于基层，粗粒式沥青混合料适用于下面层或基层，中粒式沥青混合料适用于中面层和表面层，细粒式沥青混合料适用于表面层和薄层罩面。砂粒式沥青混合料适用于非机动车道或人行道路。对高速公路及一级公路，除沥青稳定碎石基层外，通常选用公称最大粒径为13.2～26.5mm的沥青混合料。沥青层较厚的公路，首先应保证路面各层的组合不发生早期破坏，其次考虑各层服务功能，具体包含以下几方面内容。

①表层面应具有良好的耐久、密水、抗压、抗滑等能力。在寒冷地区，表面层应具有良好的低温抗裂性能。

②双层式面层的下面层和三层式面层的中面层应具有抗高温、抗车辙性能。三层式面层的下面层除高温抗车辙性能外，还要具有抗裂、抗疲劳性能。

③高速公路的紧急停车带（硬路肩）沥青面层宜采用与车道相同的结构，但表面层宜采用密级配沥青混凝土混合料铺筑。

二、沥青路面施工要求

（一）施工测量

施工前及时进行工作面高程、横坡等测量，按设计给定的面层高程、厚度、横坡等指标进行测量，根据测量结果钉桩挂基准线，每10m钉一个桩，事先确定不同横坡段及渐变段，小弯道及超高部位每5m钉一个桩。拟定施工质量控制措施，并经测量专业工程师确认。

（二）工作面清理

在对路肩破损砼方砖处理完毕后，必须对工作面进行清理，达到工作面干净无杂物的要求。

（三）交通封闭

工作面清理完毕后必须断绝交通，除运料车辆外，完全封闭。然后组织专门人员对需做局部处理的地方进行处理。

（四）透层油喷洒

摊铺前对以验收的基层进行清扫，清除杂物后开始喷洒透层油，油量为 1.0kg/m²，在透层油上撒铺石屑小料，进行滚动轮压，封闭交通48h，开始沥青砼摊铺。

（五）机械调配

摊铺机的全部操作应自动化，摊铺机应能自动找平，可通过传感器根据基准线测出横、纵坡度。施工时应至少配备三台摊铺机，两台使用，一台备用。基层和中低层施工宜使用多台同机型的摊铺机梯队联合作业，全宽一次完成，保证路面平整度。

（六）混合料运输

混合料运输可使用载重为20t左右的自卸汽车运输，每车必须备有苫布。运输车辆数量要保证施工现场有运料车等候卸料，供料连续，车辆型号尽量统一。车厢应涂刷适量的防粘剂，经外观和温度检验合格后方可运往摊铺现场。

（七）卸料的监管

卸料必须由专人指挥，混合料卸料揭开苫布前，经监理现场外观和温度检验合格后，方可进行摊铺。卸料车应缓慢倒车向摊铺机靠近，停在距摊铺机0.3～0.5m处，由摊铺机前行与之接触，两机接触后即可卸料，卸料车挂空挡，由摊铺机推动向前行驶，直至卸料完毕离去。每车料从生产到卸料时间应控制在8h内。

（八）混合料摊铺

在进行大面积正式铺筑前，一般要选择长度不小于200m且与铺筑路段条件相同的或相近的路段进行试验段施工。其目的是检验施工组织、施工工艺、机械设备与组合是否适宜，同时通过实验路段的铺筑确定摊铺系数、摊铺与碾压温度及碾压遍数等施工参数，还有验证沥青混凝土配合比质量。

（九）初期保护

铺筑层在碾压完毕尚未冷却到50℃以下前应暂不开放交通。如必须提前开放交通时，需洒水冷却强制降温。在开放交通前，应禁止重型施工机械，特别是重型压路机停放。在开放交通初期，应禁止车辆急刹车和急转弯。

三、沥青表面处治施工

（一）材料规格和用量

沥青表面处治可采用道路石油沥青、乳化沥青、煤沥青铺筑，沥青标号应按相关规定选用。沥青表面处治的集料最大粒径应与处置层的厚度相等。

（二）施工程序与工艺

沥青表面处治施工应确保各工序紧密衔接，每个作业段长度应根据施工能力确定，并在当天完成。人工撒布集料时应等距离划分段落备料。三层式沥青表面处治的施工工艺应按下列步骤进行。

1. 清扫基层

在清扫干净的碎（砾）石路面上铺筑沥青表面处治时，应喷洒透层油。在旧沥青路面、水泥混凝土路面、块石路面上铺筑沥青表面处治路面时，可在第一层沥青用量中增加10%～20%，不再另洒透层油或粘层油。

2. 撒布沥青

沥青表面处治应使用沥青洒布车和集料撒布机配合作业。沥青洒布车在喷洒沥青时，应控制喷洒速度和数量，保持喷洒均匀。小规模喷洒可使用手工沥青洒布机洒布沥青。洒布设备的喷嘴应适用于沥青的稠度，确保其能形成雾状，不应出现花白条。

3. 撒布集料

主层沥青撒布后，应立即采用人工撒布或集料撒布机撒布第一次集料。应做到将集料撒布均匀，保持厚度一致，全面覆盖，不露出沥青，不重叠集料。集料过多的部分应及时扫出，缺料的部分应适当找补。沥青搭接处，第一层撒布应保留100～150mm宽度不撒布石料，待第二层一起撒布。

4. 压路机碾压

撒布集料后，应立即使用6～8t的钢筒双轮压路机由道路外侧向内侧碾压3～4遍，起始碾压速度不应超过2km/h，之后可适当增加。每次碾压轮机重叠约30cm。

5. 循环喷洒

第二层和第三层的施工程序及施工要求与第一层相同，可使用8t以上的压路机碾压。

四、沥青贯入式路面施工

（一）材料规格和用量

①沥青贯入式路面的集料应选择有棱角、嵌挤性好的坚硬石料。当使用破碎砾石时，其破碎面应符合铺筑要求。

②沥青贯入层的主层集料中大于粒径范围平均值的粒料数量应大于50%，最大粒径应与沥青贯入层厚度相当。当使用乳化沥青时，主层集料的数量应按照压实系数1.25～1.30计算，最大粒径应按照厚度的0.8～0.85倍计算。

③可使用乳化沥青、石油沥青及煤沥青作为贯入式路面结合料。

④应根据施工气温和沥青标号等规定条件，确定沥青贯入式路面中各层的沥青使用量。当施工气温较低时，沥青针入度较小，此时用量宜用高限。当施工气候较为潮湿，使用乳化沥青贯入时，上层应适当增加沥青用量，下层应适当减少沥青用量，保持总用量基本不变。

（二）施工程序与工艺

1. 施工准备

①施工前，路面基层应清扫干净，如需安装路缘石时，应先安装路缘石，安装后应进行遮盖。

②如果路面厚度不超过5cm，应浇洒粘层或透层沥青。乳化沥青贯入式路面必须浇洒粘层或透层沥青。

2. 施工方法

①摊铺集料。使用摊铺机、平地机或者人工摊铺集料。集料摊铺后，采用6～8t的轻型钢筒式压路机由道路两侧向中间碾压。

②浇洒沥青。在使用乳化沥青贯入时，可先撒布一部分嵌缝料，防止乳液下漏严重，再浇洒沥青。

③撒布嵌缝料。使用集料撒布机或人工撒布嵌缝料。在使用乳化沥青贯入时，嵌缝料撒布应在乳液破乳之前完成。

④碾压。宜用8～12t的钢筒式压路机碾压4～6遍嵌缝料。如果因气温较高造成难以推移时，应停止碾压。

⑤循环洒、撒、压。按照上述方法浇洒第二层和第三层沥青，撒布嵌缝料，进行碾压。

⑥撒布封层料。使用撒布机或人工撒布封层料。

⑦最后碾压。使用6～8t的压路机最后碾压2～4遍。

⑧初期养护。开放交通后,应按照规范控制交通。

在铺筑上拌下贯式路面时,贯入层不撒布封层料,贯入部分使用乳化沥青时,应等待成型稳定后再铺筑拌和层。拌和层应紧跟贯入层施工,使上下层成为一体。当拌和层与贯入层不能连续施工时,贯入层应增加嵌缝料用量,在拌和层之前浇洒粘层沥青。

第四节 水泥混凝土路面施工

一、水泥混凝土路面材料要求

(一)水泥

选用水泥时,应与混凝土进行适应性试验,选择最合适的水泥品种。采用滑模摊铺机铺筑时,宜采用散装水泥。高温期施工时,散装水泥的入罐最高温度不宜高于60℃;低温期施工时,水泥进入搅拌缸前的温度不宜低于10℃。

(二)粗集料

混凝土粗集料种类根据岩石产状分类有叶岩、板岩、砂岩、块状岩石等。从粒形上分为碎石、破口石和卵石,有角状、片状、针状等形状。按岩石的表面结构可分为玻璃质、光滑、粒状粗糙、结晶、蜂窝状等。

再生粗集料可单独或掺配新集料后使用,但应通过配合比试验验证,确定混凝土性能满足要求后方可使用。粗集料与再生粗集料应根据混凝土配合比的公称最大粒径分为2~4个单粒级的集料,并掺配使用,不得使用不分级的统料。粗集料的压碎值、坚固性、针片状颗粒含量、含泥量、碱集料反应等物理力学指标应符合相关规定。

(三)细集料

水泥混凝土路面对粗集料的要求比沥青路面低,一般国内外所做的水泥混凝土路面不对粗集料的磨光值提出要求。对普通混凝土路面、钢筋混凝土路面与钢纤维混凝土路面表面的基本要求是不裸露粗集料,要求表面砂浆层充分包裹。细集料本身的硅质含量、细粉含量、颗粒度、稳定性的要求比其他土建工程结构要严格得多。机制砂宜采用碎石为原料,并用专用设备生产。

（四）混凝土用水

饮用水可直接用作混凝土用水。非饮用水应进行水质检验，并符合《公路水泥混凝土路面施工技术细则》（JTG/T F30—2014）的有关规定。

（五）粉煤灰

混凝土路面（包括碾压）应掺用Ⅰ、Ⅱ级干排或磨细粉煤灰，不得使用Ⅲ级粉煤灰。贫混凝土、碾压混凝土基层或复合式路面底层应掺用Ⅲ级以上粉煤灰，不得使用等外粉煤灰。

①在混凝土路面或贫混凝土基层中使用粉煤灰时，工作人员应确切了解所用水泥中已经加入的掺合料种类和数量。

②混凝土路面或贫混凝土基层中不得使用湿排粉煤灰、潮湿粉煤灰或已结块的湿排干燥粉煤灰。

③路面混凝土中使用粉煤灰必须有适宜掺量控制。在高速公路水泥混凝土路面上要根据所使用的水泥种类决定掺灰量。

④粉煤灰在混凝土配合比计算中应采用超掺法，超掺系数应根据所用的粉煤灰登记确定。超掺的意思是大于1的部分应代替并扣除砂量。

（六）外加剂

滑模摊铺机施工的水泥混凝土面层应采用引气高效减水剂。高温施工混凝土拌和物的初凝时间短于3h时，宜采用缓凝引气高效减水剂；低温施工混凝土拌和物终凝时间长于10h时，应采用早强引气高效减水剂。

有抗冰（盐）冻要求时，各级公路水泥混凝土面层基暴露结构物混凝土应掺入引气剂；无抗冻要求的二级及二级以上公路水泥混凝土面层宜掺入引气剂。

路面水泥混凝土往往需要掺减水剂，以满足施工规范规定的最大单位用水量要求。减水剂应与水泥进行化学成分适应性检验。若化学成分不适应，必须更换减水剂品种。剂量不适应，则应进行减水剂不同掺量的混凝土试验，找到所用水泥的减水剂最佳掺量。外加剂的产品质量应符合《公路水泥混凝土路面施工技术细则》（JTG/T F30—2014）的有关规定。

（七）钢筋

混凝土路面、桥面和搭板所用钢筋网、传力杆、拉杆等钢筋应符合国家有关标准的技术要求，钢筋应顺直，不得有裂纹、断伤、刻痕、表面油污和锈蚀。传力杆钢筋加工应锯断，不得挤压切断，断口应垂直、光圆，用砂轮打磨掉毛刺，并加工成2～3mm圆倒角。

二、水泥混凝土路面小型机具施工技术

（一）模板架设

1. 模板的技术要求

（1）钢制模板。

公路混凝土面板的施工模板应优先选择钢制模板，其通常具备足够的刚度，不易变形。模板厚度与面板厚度相同，长度为 3～5mm。每个模板需要设置 1 处支撑固定装置。

（2）木制模板。

低等级公路水泥混凝土路面板施工时，边模可用木制。模板厚度为 4～8cm，但在弯道和交叉路口路缘处，可减薄至 1.5～3.0cm，以便弯成弧形。模板高度应与混凝土板厚相等。对企口式纵缝，模板应做成相应的凸榫圆槽，待拆模后将拉杆回直，再浇筑另一侧混凝土板。

（3）端头模板。

横向施工缝端模板应为焊接钢制或槽钢模板，并按设计规定的传力杆走向和间距，设置传力杆插入孔和定位套管。横向施工缝端头模板上的传力杆设置精确度要求较高，施工定位精确度不足时，传力杆将损坏水泥路面。

2. 模板架设与安装

（1）测量放样。

在支模前，应先进行测量放样。每隔 20m 设一中心桩，每隔 100m 设一临时水准点，并核对高程、面板分块、胀缝和构造物位置。

（2）曲线支模。

纵横曲线路段应使用短模板。每块模板中点安装在曲线切点上，以便顺畅过渡曲线。

（3）模板架设。

在摊铺混凝土之前，应先将两边模板安装好。在安装模板时，按放线位置把模板放在基层上，用水准仪检查其高度，沿模板两侧用铁钎打入基层以固定模板。铁钎间距，内侧一般为 1.0～1.5m，外侧 0.5～1.0m。外侧铁钎顶端应稍低于模板顶高，以便混凝土振捣器和夯板的操作。为增进模板的稳定性，可设置立柱支撑，立柱支撑借助斜支撑和横卧在木板上的横支撑来固定，其间距为 50cm。横卧木板两侧也用上述铁钎固定在基层上。

（4）模板检查。

模板架设后，应对模板安装情况进行检验，其安装精度应符合表 2-3 的规定。

其中，安装规定偏差是施工机械或机具所要求的偏差，不同施工方法应满足各自规定。只有规定偏差在任何情况下均小于要求，方可在交工和竣工验收时，顺利通过验收。

表2-3 模板安装精度要求

检测项目		施工方式		
		人工与小型机具	轨道摊铺机	滑模摊铺机
平面偏位（mm）		≤15	≤5	≤5
摊铺宽度（mm）		≤15	≤5	≤5
面板厚度（mm）	代表值	≤-4	≤-3	≤-3
	极限值	≤-9	≤-8	≤-8
纵断高程偏差（mm）		≤10	≤5	≤5
横坡偏差（mm）		≤0.2	≤0.1	≤0.1
相邻板高差（mm）		≤2	≤1	≤1
顶面接茬3m直平整度（mm）		≤2	≤1	≤1
模板接缝宽度（mm）		≤3	≤2	≤2
侧向垂直度（mm）		≤4	≤2	≤2
纵向顺直度（mm）		≤4	≤2	≤2

（5）涂隔离剂。

模板达到安装精度要求后，应涂抹隔离剂。接头应使用塑料薄膜或胶带进行密封，以便于拆模。

（6）模板拆除。

①当混凝土抗压强度不低于设计强度的70%时方可拆模。当缺乏强度实测数据时，边侧模板的允许最早拆模时间宜符合表2-4的规定。

表2-4 混凝土面板的允许最早拆模时间（h）

昼夜平均气温（℃）	-5	0	5	10	15	20	25	30
硅酸盐水泥、Ⅰ型水泥	240	120	60	36	34	28	24	18
道路、普通硅酸盐水泥	360	168	72	48	36	30	24	18
矿渣硅酸盐水泥	—	—	120	60	50	45	36	24

②应使用专用拨楔工具拆卸模板，不得损坏板角、板边和拉杆等周围的混凝土，禁止使用大锤强击拆卸模板。

③拆下的模板应将黏附的砂浆清除干净，并矫正变形或局部损坏。

（二）传力杆安装

当胀缝不需设置传力杆时，可先在胀缝处安装一个高度等同于混凝土板并与路拱表面形式相同的木模板，用钢钎固定。浇筑一侧混凝土后去除木模板，在混凝土侧壁下部贴上接缝板，并放置压缝板条。当缝下需设置垫枕时，应事先将垫枕做好。

当胀缝需设置传力杆时，一般做法是在接缝板上预留圆孔以便穿过传力杆，上面设置木制或铁制压缝板条，其旁再放一块胀缝模板，按传力杆位置和间距，在胀缝模板下部挖成倒U形槽，使传力杆由此通过。当路面宽度为奇数车道时，中央接缝板、压缝板和胀缝模板均应做成与路拱相同的形状，模板旁也应以钢钎固定。为防止传力杆在混凝土浇捣过程中移动，可将其两端分别用长不大于一个车道宽度、直径14～16mm的钢筋来固定，传力杆与钢筋可用铅丝绑扎或焊接在一起，随即浇捣胀缝一侧混凝土至传力杆的高度，然后浇捣另一侧混凝土。

（三）混凝土摊铺

①在混凝土摊铺之前，应全面检查模板、钢筋、拉杆、传力杆等安设情况，并用厚度标尺版检测板厚，符合设计要求时才能进行摊铺。

②混凝土拌和物的松铺系数应在1.10～1.25。如果拌和物偏干，应取较高值，如果拌和物偏湿，则取较低值。

③出于特殊情况导致拌和物无法立即振实时，应废弃混凝土拌和物，并在已摊铺好的面板端头设置施工缝。

（四）混凝土振实

1. 振捣棒振实

①每一车道路面应使用2根振捣棒，在待振横断面上连续振捣密实。施工时需注意路面内部、边角及板底不得漏振。

②振动板的移动间距应依据其作用半径而定，一般应小于500mm，避免碰撞钢筋、模板和传力杆等。振捣棒在一个位置的持续时间应大于30s，以拌和物全面振动液化，不泛水泥浆为移动标准。

③禁止使用振捣棒在拌和物中拖拉和推行振捣。振捣棒的插入深度应距离基层30～50mm。

④应随时检查振捣棒振实效果，并设人工及时补料，如出现模版、钢筋、

传立杆、拉杆等移位现象，应及时纠正。

2. 振动板振实

①每副路面应配备一块振动板。在振捣棒振实后，可用振动板纵横交错全面提浆振实。

②应配备两人移位振动板。振动板在一个位置的振捣时间应大于15s。

③缺料部位应辅以人工补料找平，多余部位应及时铲除。

3. 振动梁振实

①振动梁要具有足够刚度，并安装深度约4mm的粗集料压实齿，以保证砂浆厚度。

②振动梁振实应拖行2～3遍，使路面泛浆均匀平整。在整平过程中，料多的部位应铲除，缺料的部位应及时填补。

③为保证路面密实度和均匀性，防止漏振和欠振，振捣器的数量应与路面宽度相匹配。

（五）整平饰面

①滚杠提浆整平。振动梁振实后，应使用滚杠往返拖2～3遍。开始应缓慢短距离地拖、推，然后适当增加距离，匀速拖滚。

②抹面整机压浆整平饰面。滚杠提浆整平后，应使用抹面机压实整平路面，或者使用3m的刮尺，将路面整平。

③精整饰面。路面整平后，应修补缺边，清除黏浆，将抹面机留下的痕迹用抹刀抹平。精整饰面后的路面应无痕迹、致密均匀。

（六）模板拆除

模板拆除时间应根据混凝土的强度增强情况及气温决定。模板拆除时，应保持模板完好，避免混凝土边角损坏，应等到混凝土板达到设计强度时，才能开放交通，禁止拆模后立即开放交通。如果遇到特殊情况需要提前开放交通时，应使混凝土板的强度至少达到设计要求的80%，车辆荷载不应大于设计荷载。

（七）接缝施工

1. 填缝工艺

隔离缝和胀缝应在填缝之前，去除接缝板顶部嵌入的木条，涂黏结剂，灌入填缝料或胀缝专用多孔橡胶条。由于胀缝的变形量很大，胀缝中的填缝料不宜使用各种易溶型填缝材料。

2.灌缝工艺

①填缝前清缝。为保证填缝前接缝清洁干燥，施工时可采用0.5MPa的压力空气或压缩水流，清洗缝槽。有灰尘的缝壁，填缝料黏结不牢，达不到防水密封效果。

②灌缝料灌塞。灌缝料灌塞前，要先挤压嵌入直径9～12mm多孔泡沫塑料背衬条，再灌缝。灌缝料要根据规范建议选用，即一级公路使用树脂、橡胶和改性沥青类填缝材料，二、三级公路可用热灌沥青和胶泥类填缝材料。

③灌缝料养生。常温反应固化型及加热施工填缝料均需要封闭交通进行养生。

第三章　路面施工质量控制

路面工程直接承受行车荷载，且暴露在大气之中，受风吹、日晒、雨淋和冻融等诸多自然条件的影响较大，强化路面施工质量管理是保证工程优质的最重要环节。只有强化施工过程中的质量管理，尤其是重点质量监控点的施工控制，才能更好地保证工程质量。

第一节　路面工程施工的质量监督

一、路面工程施工质量重点监控点

（一）路面基层（底基层）施工

1.路拌法施工

路拌法施工时，路面基层（底基层）应着重监控以下要点。

第一，原材料的松铺厚度和摊铺的均匀程度。

第二，原材料含水量检验。

第三，拌和深度控制方法，防止出现夹层的措施，拌和均匀性检查。

第四，高程与横坡度的施工控制。

第五，压实机械的组合形式、碾压方法、碾压遍数和压实度的质量检验。

第六，接头部位处理，保证前后施工段平整。

第七，保湿养生。

第八，水泥稳定类延迟时间控制。

第九，未成型基层的交通管制。

2.厂拌法施工

厂拌法施工时，路面基层（底基层）应着重监控以下要点。

第一，原材料质量，料场硬化，不同规格的石料隔离措施。

第二，拌和机配合比的准确性，特别需要注意的是防止易结块的粉状料堵塞喂料斗的筛孔。

第三，各种原材料的含水量检测和拌和加水量调整，使混合料处于最佳含水量范围。

第四，装运和卸料、摊铺过程中应防止混合料离析。

第五，摊铺过程中平整度控制，纵横向接缝施工方法，联机摊铺时的相互配合。

第六，碾压与养生。

第七，施工便道畅通，保护未成型路段。

（二）沥青类路面施工

沥青路面施工应着重监控以下要点。

第一，沥青的标号和质量指标及其适用环境。

第二，乳化沥青的质量指标和其基质沥青的质量状况。

第三，石料的强度，石料与沥青的黏附性，粗集料的颗粒形状、耐磨性能、压碎值等。

第四，拌和机的结构与性能，还有其与工程要求的适应程度。

第五，配合比的检查与监控，沥青用量检测。

第六，温度监控包括沥青加热温度、石料加热温度、混合料出厂温度、摊铺温度、初压和终压温度监控。

第七，防止混合料离析措施。

第八，摊铺机与自卸汽车配合，保证摊铺机均匀不间断摊铺。

第九，厚度施工控制。

第十，纵横向接缝处理

第十一，未冷却路面禁止通行，沥青灌入式或沥青表处的交通管制。

（三）水泥类路面施工

水泥类路面施工应着重监控以下要点。

第一，水泥、石料、砂的质量指标应满足要求。

第二，搅拌机的性能，包括产量、搅拌均匀性、配合比的准确性应满足要求。

第三，配合比的准确性检查、和易性检查，试件制作和强度试验。

第四，摊铺、振捣、饰面等的控制，拉杆、传力杆设置。

第五，防止和避免混凝土离析的措施。

第六，模板架设的顺直度、相邻模板的高差，模板架设的牢固程度，拆模时对路面板的保护。

第七，胀缝制作。

第八，切缝方法、切缝时间和填缝。

第九，养生和交通管制。

二、安全施工

路面工程材料用量大，动用机械多，需要多个施工现场，用水、用电、用油，安全生产存在的隐患点比较多，管理时必须高度重视安全生产。

（一）料场、拌和场安全生产要点

第一，料场、拌和场的生产区和生活区要分开，整个场地有排污和排水设施。

第二，电力线路要规范，临时用电线路应使用电缆线，并按规定架设或埋设。

第三，油库、仓库应符合消防要求，配备必要的消防设施。

第四，办公区如使用煤炉取暖，应有防止煤气中毒的措施。

第五，施工管理人员应戴安全帽，吊臂下、传送带下禁止站人、禁止有人作业。

第六，建立夜间值班制度，防火防盗。

第七，进出口道路和场内运输设备运行线路要减少相互干扰。

第八，拌和设备检修或清理时（如清理搅拌仓等）应切断电源。

（二）施工现场安全要点

第一，根据工程具体情况，设立施工标志、限速标志或禁行标志。

第二，遵守机械操作规程，合理安排机械作业运行线路。

第三，定期对设备进行保养和小修，保持机械良好状态。

第四，自卸卡车向前进的摊铺机械倒料时，应专人指挥、密切配合，禁止撞击摊铺机，运行过程中驾驶员应轻踩自卸卡车的刹车，防止卡车滑溜。

第五，热铺沥青混合料或洒布沥青时，操作人员应配必要的防护用品，防止烫伤。

第六，消解和摊铺石灰、摊铺水泥时工作人员应配备防护眼镜。大风天气，禁止摊铺石灰、水泥等易扬尘易污染环境的粉状物。

第七，运输车辆应避免在陡坡停止、调头，运输车辆禁止急转弯、急刹车。

（三）消解石灰安全要点

消解石灰时，石灰体积会膨胀 2 倍以上，并且散发大量热量，遇大风天气，尘粒飞扬，对周边环境和操作人员有较大影响。消解石灰时应注意以下几点。

第一，生石灰不应堆得太高，宜保持在一米左右的高度。

第二，尽可能使用石灰粉碎消解机进行消解。

第三，人工消解时，操作人员应配备防护眼镜、防护手套、防护靴等。

第四，操作人员应处在上风口，边翻拌边加水，尽可能使用挖掘机或装载机翻拌，因为人工翻拌劳动强度大且易出现烫伤和眼角膜炎症。

第五，消解加水量宜略大于化学反应计算所需水量的 1.3～1.8 倍，以消解充分、保持水分和防止扬尘。

（四）沥青洒布作业安全施工要点

第一，检查洒布车辆、洒布装置、防护、防火设施是否齐全有效。

第二，沥青罐如果装运过乳化沥青，再次装运热沥青时，应缓慢小心加注，防止沥青泡沫对人身造成伤害。

第三，使用加热喷灯、加热管线和沥青泵前，应首先封闭吸油管和进料口。

第四，洒布车应中速行驶，弯道应提前减速，行驶时禁止使用加热系统。

第五，喷洒作业前，应对路缘石、桥栏杆等进行遮挡，避免污染其他构筑物。

第六，操作人员应配备安全防护设施，施工中注意自身安全。

第七，质量检测和施工监理人员应站在上风口，喷洒方向十米以内不得有人停留。

（五）沥青拌和站操作安全要点

第一，沥青拌和站应在燃料（燃油、煤）储存处设置必需的消防器材和消防设施，如灭火器、沙、铁锹等。

第二，用泵抽送热沥青进出油罐时，操作人员应远离，无关人员应避让。注入沥青的总数量应和油罐的设计容量相对应，不得超量注入。

第三，使用导热油加热时，加热炉应在加热前进行耐压试验，水压力不低于额定工作压力的 2 倍，导热油加热系统的泵、阀门系统和安全附件应符合安全要求，超压、超温报警系统应灵敏可靠。

第四，拌和站的各种设备，在运转前均应由机电和电脑操作人员仔细检查，确认正常后再按顺序启动。

第五，点火后，观察除尘器是否工作正常，必须保证烘干滚筒在正常负压下燃烧。

第六，拌和站启动后，各岗位操作人员要随时检查监督各部位运转情况，如发现异常，要及时报告机长，并及时排除故障。

第七，料斗下禁止站人，或从料斗下经过，检修料斗时，必须将保险链挂好。

第八，滚筒或拌和仓清理检修时，必须切断电源，且在筒（仓）外始终有人监护。

第九，停机前，应首先停止进料，等各部位卸料完毕后才可以停机，再次启动时，不得带荷启动。

第十，紧急停车按钮只能在涉及人员安全的紧急情况下使用，一旦使用后再次启动时要注意启动顺序。

第二节　基层施工的质量控制

一、半刚性基层施工

（一）材料要求

对于组成半刚性基层的所有材料，都应在施工之前进行质量检测，通过多次试验选出符合要求的原材料，并进行配合比设计，在验证混合料强度和稳定性均符合要求后，才能用于铺筑基层。

1. 土

（1）特性。

其要易于粉碎，便于碾压成型。

（2）最大粒径。

用于基层的土，最大粒径要小于37.5mm；用于底基层的土，最大粒径要小于53mm。颗粒组成必须满足规范的要求，土的均匀系数应大于5，实际应用宜大于10。

（3）液、塑性指数。

①水泥稳定类，土的液限应低于40%，塑性指数应低于17。为了更易碾压，砂中应掺入适当塑性指数不大于12的黏性土。

②石灰稳定类，土的塑性指数为15～20；无塑性的级配沙砾、级配碎石应掺入约15%的黏性土。

③综合稳定类，塑性指数为12～20；塑性指数在15以上的黏性土，宜用石灰和水泥综合稳定。

（4）硫酸盐、有机质含量。

①水泥稳定类，有机质含量应小于2%，硫酸盐含量应小于0.25%。

②石灰稳定类，有机质含量不应大于10%，硫酸盐含量不应大于0.8%。

2. 集料

（1）压碎值。

基层（底基层）所用的碎、砾石应具有一定的抗压能力，二级和二级以下公路的基层应小于35%，底基层应小于40%；高速公路和一级公路的基层或底基层应小于30%。

（2）颗粒组成。

其由水泥稳定类、石灰稳定类及综合稳定类的集料颗粒组成。

3. 水泥

凡是初凝时间在3h以上、终凝时间在6h以上的普通硅酸盐水泥、矿渣硅酸盐水泥和火山灰质硅酸盐水泥，只要它们的各项指标都满足要求，那么它们就均可用于稳定土。

在水泥选择方面，宜使用强度等级为32.5或42.5的水泥，切记不可使用快凝水泥、早强水泥和受潮变质水泥。

4. 石灰

石灰应满足Ⅲ级以上的生石灰或消石灰的技术指标。在实际使用的过程中，石灰应覆盖封存，妥善保管，并且不宜存放太长时间。高等级公路的基层（底基层）宜采用磨细生石灰。

5. 粉煤灰

粉煤灰中的二氧化硅、三氧化二铝、三氧化二铁的总含率应大于70%，烧失量不应超过20%，比表面积不宜过大也不宜过小，比表面积越大，对水分敏感性也越大，压实也越不容易。因此，作为石灰粉煤灰土混合料时，宜选用粗颗粒的粉煤灰，以求容易碾压稳定，作为水泥外加剂时，宜选用细颗粒的粉煤灰。

在堆放干粉煤灰时，为防止其飞扬造成空气污染，应加水处理过后再进行堆放。此外，要控制好加水量，尽量不要使湿粉煤灰的含水率超过35%。使用时，应将凝固的粉煤灰打碎并过筛，以清除有害杂质。

6.煤渣

煤渣的最大粒径不应超过30mm，以粗细搭配而略有级配为佳。使用时，应预先筛除大于30mm的颗粒。煤渣的含煤量宜低于20%，且不宜含杂质。

7.水

无有害物质的人、畜饮用的水均可使用。

（二）水泥稳定类的施工程序

1.路拌法施工

路拌法的施工流程见图3-1。

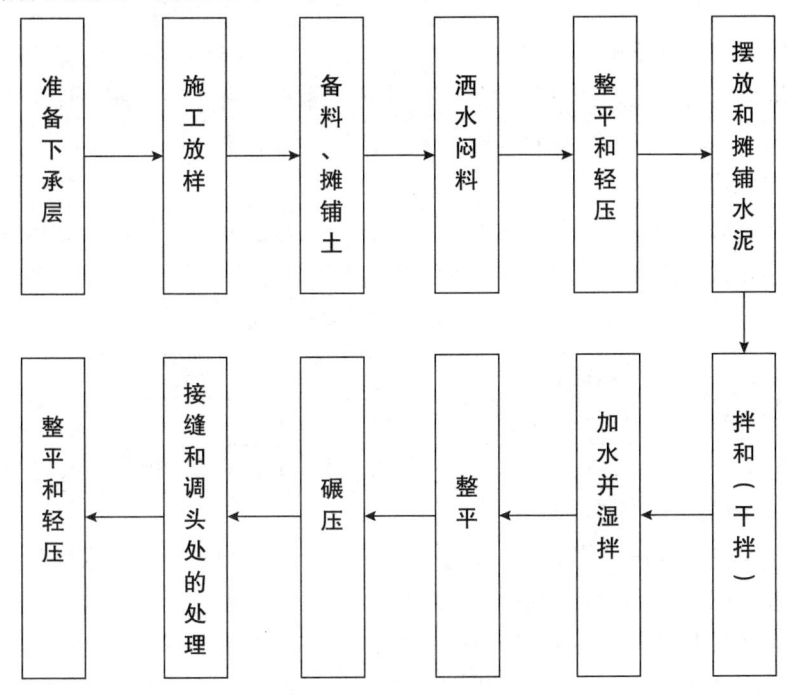

准备下承层 → 施工放样 → 备料、摊铺土 → 洒水闷料 → 整平和轻压 → 摆放和摊铺水泥 → 拌和（干拌）→ 加水并湿拌 → 整平 → 碾压 → 接缝和调头处的处理 → 整平和轻压

图3-1 路拌法施工流程

（1）准备下承层。

①土基。土基主要是进行碾压试验，一般会用12～15t的三轮压路机，在没有三轮压路机的情况下，也可用等效的碾压机械来替代。如果土太干，则应进行洒水处理；如果土太湿，则应挖开晾晒，如有必要也可进行换土、掺生石灰或粒料处理。

②底基层或老路。对底基层或基路主要是进行弯沉、坡度、路拱的检验，

如强度不够，可通过以下几种方式进行处理：第一，增加底基层的密实度；第二，加厚底基层；第三，改善基层材料等。

（2）施工放样。

首先，恢复下承层上的中线；其次，测量断面高程；再次，在两侧路肩边缘外设置标有水泥稳定土设计高程的指示桩。

（3）备料。

①利用老路面或土基上部材料时要先清除表面的石块等杂物，用平地机或推土机将上部翻松到预定深度，土块应粉碎到符合要求。为便于粉碎，可在8～24h之前，喷洒适量的水，预湿土壤。

②利用料场的土时，应用推土机将表层覆盖的土、草皮、树根等杂物清理干净，并自上而下按预定深度采集土料，如果出现了很明显的分层变化，则应立刻采集土样进行各项试验。

③将料由远到近，按计算数量和间距进行堆放，并做好排水工作。并将选料中体积较大的土块进行粉碎和筛除处理，最后用平地机整平。

（4）摊铺土。

在摊铺水泥的前一天，应根据每日可完成的掺加水泥、拌和、碾压成型的量来控制摊铺长度。混合料松铺系数参考表见表3-1。

表3-1　混合料松铺系数参考表

材料名称	松铺系数	备注
水泥稳定沙砾	1.30～1.35	—
水泥土	1.53～1.58	现场人工摊铺土和水泥，机械拌和，人工整平

（5）洒水预湿与整平轻压。

运到现场的材料，凡是经过翻松、粉碎的，都必须要进行洒水预湿，预湿后的含水率应为最佳含水率的70%左右；中粒土、粗粒土预湿后的含水率应比最佳含水率小2%～3%；对含沙较多的土，可比最佳含水率大1%～2%。

洒水预湿后，应根据相关要求，整形成路拱和坡度，并用6～8t的两轮压路机进行碾压（一般碾压1～2遍为宜）直到表面光滑、平整，达到规定的密实度为止。

（6）摆放和摊铺水泥。

每袋水泥的摊铺面积和摆放间距应根据水泥稳定土层的以下因素来确定：第一，涂层厚度；第二，土层预定干密度；第三，水泥剂量；第四，施工作业面。同时还应在现场放置标记，划出摊铺水泥边线。水泥应在当日被直接送到摊铺路段，在标记的地点卸料，并用刮板均匀摊开，表面应无空白也不能存在水泥集中的情况。

（7）拌和、洒水湿拌。

用稳定土拌和机进行拌和，拌和深度应达到稳定层底并侵入下承层5～10mm，严禁留有素土夹层，应拌和两遍以上。

洒水后，拌和机械紧跟在洒水车后面进行拌和，以减少水分流失。拌和后混合料要色泽一致，没有灰条、灰团和花白。

（8）整形。

用平地机由边向中，由内向外进行刮平。用轮胎压路机快速碾压一遍，以暴露不平整部位，再用平地机整形一次，以达到规定坡度和路拱。

（9）碾压。

整平后用15t三轮压路机、振动压路机或轮胎压路机进行碾压。碾压应遵循先轻后重、先慢后快、由边向中、由内向外的原则。

（10）接缝和调头处的处理。

同一天施工的两个工作段进行衔接时，应搭接拌和。也就是说，前一段拌和整形之后，预留5～8m不碾压，在进行后一段施工时，应将前一段未碾压部分加入适当水泥重新拌和之后再一起碾压。

水泥稳定土层的施工应尽量避免纵向接缝产生，实在无法避免的情况下，纵缝要垂直相接，不能斜接。

（11）养生。

水泥稳定土压实后应进行不少于7天的保湿养生，一般会用帆布、粗麻袋、稻草、麦秸或农用地膜等覆盖。此外，也可用砂保湿养生，所铺设砂层厚度应为7～10cm，砂层要铺设均匀，并洒水保持湿润。

养生期间，除洒水车外，其他任何车辆不得通过。不能封闭交通时，应限制重车通行，其他车辆的车速不应超过30km／h。

水泥稳定土底基层（或基层）分层施工时，下层水泥稳定土碾压完后，需要经过7天的养生才可以铺筑上层水泥稳定土。需要注意的是，在铺筑之前必须要确保下层表面湿润，此外还应将下层表面清扫干净，并撒上适量的水泥或水泥浆。

2. 集中拌和法施工

（1）拌和。

固定式稳定土拌和机是采用集中拌和法拌和水泥稳定土时常用的施工机械，此外还可用强制式的水泥混凝土拌和机。采用集中拌和法施工时，需要注意以下事项。

①拌和机和摊铺机的生产能力必须相匹配。

②必须在调试完所有设备之后才能开始拌制混合料。

③配料要准确,拌和要均匀。

④拌和混合料时,要使其含水量大于最佳值,只有这样,混合料被运到现场摊铺后,其含水率才不会低于最佳值。

(2)运输。

拌和机中已经拌好的混合料应直接装入自卸车当中,并尽可能快地运输到铺筑现场。同时,为了减少混合料中水分的损失,运输过程中应将混合料覆盖,运输时间不宜超过半个小时。

(3)摊铺。

对于高速公路和一级公路这种等级比较高的公路,在摊铺时必须要使用专用摊铺机或沥青混凝土摊铺机。施工时一般会使用两台摊铺机间隔 5～10m 同时进行摊铺,相邻工作道的混合料摊铺间隔时间不能超过 25min,摊铺均匀之后必须要立刻开始碾压工作。

为了使摊铺过程可以始终保持一个较好的平整度,得到一个平整的基层顶面,可以采取以下措施。

①尽量保证整平板前的混合料始终保持相同高度。

②使螺旋分料器 80% 以上的时间都处于工作状态。

③尽量减少摊铺机的开动和停机次数。

④尽量避免运料车与摊铺机发生碰撞。

⑤一次摊铺厚度不能高于 25cm。

⑥分层摊铺时,最上层的厚度一般为 10cm。

⑦做好横向接缝,用 3m 直尺检验。

⑧检验控高钢丝和调整传感器。

⑨保持摊铺机处于良好工作状态。

(三)石灰稳定土的施工程序

1. 路拌法施工

路拌法的施工流程见图 3-1。

(1)准备工作。

①根据质量标准对下承层进行检验合格后,再进行中线放样,放样完成后才能开始施工。

②对各路段需要的干燥集料数量进行精确计算，并计算各种材料堆放距离。

③计算各集料的松铺密度，以便对集料的施工配合比进行准确控制。

④在用机械拌和塑性指数小于15的黏性土时，可根据土质和机械性能来判断是否需要过筛。如果是人工拌和，则应将大于15mm的土块筛除。

⑤需要使用的生石灰，应提前7～10天进行充分消解，为了避免扬尘，消解后还应保持一定湿度，切记其不可湿成团。使用之前应用孔径为10mm的筛对消石灰进行处理，筛过的消石灰必须要在短时间内用完。

（2）集料摊铺。

根据试验路段确定的松铺系数进行摊铺，人工摊铺混合料的松铺系数见表3-2，集料或土尽可能摊铺均匀，不应有离析现象。

表3-2 人工摊铺混合料松铺系数

材料名称	松铺系数	备注
石灰土	1.53～1.58	现场人工摊铺土和石灰，机械拌和，人工整平
	1.65～1.70	路外集中拌和，运到现场人工摊铺
石灰土沙砾	1.52～1.56	路外集中拌和，运到现场人工摊铺

（3）洒水闷料。

由于已整平土中的含水率已经不是很高，所以应该在土层上均匀洒上适量的水来进行闷料。闷料时间应根据土的种类来定：细粒土一般需要闷一夜；中粒土和粗粒土则应根据其中的细土含量来适当减少闷料时间。

（4）整形轻压。

摊铺均匀土或集料之后，用平地机对其进行整形使其表面变为具有规则的路拱，然后再用压路机碾压一到两遍，以使集料或土表面平整、密实。

（5）铺摊石灰。

通过计算得到石灰堆放间距，根据间距在场地上做好标记，并确定好铺摊石灰的边界线。堆放石灰之后用刮板均匀摊铺，测量出石灰层厚度，再根据石灰的疏松度和含水率对石灰用量进行校核。

（6）搅拌洒水。

①用稳定土拌和机或者灰土拌和机对摊铺好的石灰层与土或集料进行拌和。需要事先调整好拌和深度，然后由两侧向中间"干拌"一到两遍，每次拌和要重叠10～20cm，以便拌和充分。

②适当洒水（一般比最佳含水率大1%左右）后，再进行"湿拌"，以达到混合料颜色一致，没有灰条、灰团和花白为止。

③石灰稳定粒料要先将石灰土拌和均匀，然后均匀摊铺在粒料层上，再一起进行拌和。

④拌和机械及其他机械不宜在已压实的石灰稳定土层上调头，若调头应采取保护措施。

（7）整平。

①混合料拌和完成之后须立即用平地机对其进行初平。平整直线段的时候，由道路两侧向中间刮平；平整曲线超高路段，由道路内侧向外侧刮平。初平完成之后，用压路机或者履带拖拉机稳压1~2遍，再用平地机进行整形。

②对于局部低洼处的路段应先用齿耙将其表面5cm深的部分耙松，然后用拌和好的灰土混合料填补找平，最后用平地机对其整平。每次整平碾压，均需按要求调整坡度和路拱。

③为了避免出现薄层贴补的情况，在保证面层总厚度满足规定要求的情况下，摊铺的时候要"宁高勿低"，整平的时候要"宁刮勿补"。

（8）碾压。

①混合料表面整形后应立即开始压实。混合料的压实含水率应在最佳含水率的±1%内，若表面水分不足，应适当洒水。

②每层施工完成面的厚度一般为15~20cm，如果采用三轮压路机与振动羊足碾相互配合压实，厚度允许达到25cm。当设计厚度过大的时候，须进行分层施工，下层可以稍微厚些，但上层不宜小于10cm。

③如果是直线段，则宜从两侧向中心碾压，超高段则宜由内向外碾压，后轮压完路面全宽时，即为碾压了一遍，通常宜碾压6~8遍，此外路面两侧还应多碾压2~3遍。

④为了防止灰土表面受到破坏，压路机不得在已经完成或正在碾压的路上"调头"和急刹车。

⑤碾压过程中如果出现了松散、起皮等现象，必须要立刻翻开晾晒，如有必要还应该换新混合料重新拌和碾压。

⑥在碾压工作完成之前，还应用平地机终平一次，以便确保高程、路拱、超高符合设计要求。

（9）养生及交通管理。

①以洒水保湿的方式进行养生，正常情况下应养生7天左右。

②如果在养生期间没有采取任何覆盖措施，则必须要封闭交通。如果养生方式是覆盖砂或喷洒沥青膜，在不方便封闭交通的情况下，应该尽量将车速限制在30km/h以内。

③养生期结束后，为了防止收缩裂缝产生，应立即进行上层施工。

2. 集中拌和法（厂拌法）

（1）拌和。

①应先将拌和设备调试好之后，再进行稳定土混合料拌制，只有这样才能确保混合料配比和含水率都符合规定要求。

②一般情况下，会先将土块粉碎，再进行混合料拌制，如果有特定要求，还应将土中粒径大于15mm的土块筛除。

③按各料的重量或体积进行准确配比，均匀拌合。

④拌和时的加水量要超出最佳含水率的1%左右，这样在摊铺碾压后才能使混合料的含水率接近最佳值。

⑤摊铺前，应确保混合料中氧化钙和氧化镁的有效含量符合规定要求。

（2）摊铺。

①混合料摊铺常用到的机械有稳定土摊铺机、沥青混凝土摊铺机、水泥混凝土摊铺机等。特殊情况下也可用摊铺箱摊铺。

②应相互协调拌和机和摊铺机生产能力。

③一般情况下会根据混合料摊铺时所用摊铺机机械类型来确定松铺系数，如有必要，还可通过摊铺碾压来确定。

④厂拌混合料的摊铺段，应安排当天摊铺当天压实。

整形、碾压及养生交通管理与路拌法相同。

（四）石灰粉煤灰稳定类的施工程序

石灰粉煤灰稳定土基层的施工程序和方法基本上与石灰土基层相同。拌和工序可采用就地拌和或集中拌和。

宝马路拌机拌和时，略破坏（约1cm左右）路床顶面，并且其还需专人跟踪检查拌和深度，拌和好的混合料含水率应控制在超过最佳含水率1%~2%。宝马路拌机进行路拌作业时，设专人跟随拌和机，每20m一个断面，分左中右挖坑检查三处，随时检查拌和深度，并配合拌和机操作员调整拌和深度。对拌和机的转弯调头部位，新旧接茬部位等容易发生漏拌的隐患部位要多拌和几遍。拌和完成后，混合料应色泽一致，无灰条、灰团和花面现象。拌和过程中检测含水率、灰剂量，并取样做无侧限抗压强度试件。

在施工初期，石灰粉煤灰的稳定土层强度一般较低，并且其强度也会随着气温变化而变化。因此，一般不会在冬季施工，并注意初期养护工作；在干燥而炎热的季节，必须洒水养生7天，每天洒水的次数视气候条件而定，应始终保持表面湿润；也可用沥青乳液和沥青下封层进行养生。

石灰粉煤灰稳定土分层施工时，在碾压完下层之后，也可以不养生，直接铺筑另外一层。

二、粒料类基层施工

（一）材料要求

1. 级配碎（砾）石

①石料应具有足够强度，且不低于Ⅳ级。

②压碎值应符合表 3-3 的规定。

表 3-3 级配碎石、级配碎砾石和级配砾石所用石料的集料压碎值

基层类型	公路等级	压碎值规定
基层	高速公路和一级公路	不大于 26%
	二级公路	不大于 30%
	二级以下公路	不大于 35%
底基层	高速公路和一级公路	不大于 30%
	二级公路	不大于 35%
	二级以下公路	不大于 40%

③一些有害物质，比如黏土块、植物等不应掺杂在其中，扁平、长条颗粒的含量要低于 20%。

④颗粒组成和塑性指数要满足相关规定，同时级配曲线宜圆滑居中。在塑性指数偏大的情况下，为保证级配集料稳定性，应严格控制小于 0.5mm 以下的细料含量与塑性指数。

⑤石屑或其他细集料可以使用碎石场的细筛余料，也可使用尺寸合适的天然沙砾或粗沙。

⑥含有越多塑性高的土，黏结的就越牢固，但是也存在一定缺陷，即干燥后容易收缩开裂，潮湿环境下水稳定性也不强。当用于基层时，含土量和塑性指数可适当降低，黏土中不应有草根、杂质，腐殖土不宜使用。

2. 泥（灰）结碎石

泥结碎石作为基层（底基层），因含一定数量的黏土，水稳定性较差，不宜作为沥青路面基层。如作沥青路面基层时，应用于干燥路段，在中湿和潮湿路段填充的黏结料黏土中应掺入一定剂量的石灰，采用泥灰结碎石，提高稳定性。对材料的具体要求如下所示。

①如果是使用机轧碎石或天然石，应具备以下特点：第一，坚硬；第二，接近立方体；第三，具有棱角。

②扁平、细长颗粒的含量应低于20%。

③碎石的颗粒组成范围应满足表3-4要求。

表3-4 泥（灰）结碎石的碎石颗粒组成范围

编号\筛孔	63	53	37.5	19	9.5	4.75
1	100	—	0～15	0～5	—	—
2	—	100	—	0～5	0～5	—
3	—	—	100	0～15	0～5	—
4	—	—	—	85～100	—	0～5
5	—	—	—	—	85～100	0～5

④黏土的塑性指数为18～27，且不得含有腐殖质和其他杂质。

⑤石灰质量应高于Ⅲ级，与石料质量相比，石灰和土的含量加一起应小于20%，石灰剂量为8%～12%。

3. 填隙碎石

①用于基层的碎石粒径应小于53mm，用于底基层的应小于63mm。

②扁平、长条和软弱颗粒的含量应低于15%。

③粗碎石的颗粒组成应满足表3-5中的有关规定。

表3-5 填隙碎石、粗碎石的颗粒组成范围

编号	标称尺寸(mm)	63	53	37.5	31.5	26.5	19	16	9.5
1	30～60	100	25～60	—	0～15	—	0～5	—	—
2	25～50	—	—	—	25～50	0～15	—	0～5	—
3	20～40	—	—	100	35～70	—	—	—	0～5

④轧制碎石中5mm以下的石屑作为填隙料时，填隙料的最大粒径为9.5mm，并根据规范要求来确定颗粒组成。

⑤用作基层的粗碎石，其压碎值应小于26%，用作底基层时应小于30%。

（二）级配碎（砾）石的施工程序

1. 路拌法施工

路拌法的施工流程见图3-1。

（1）准备下承层。

①下承层的表面应平整、坚实，具有一定的路拱。

②用 12～15t 的三轮或等效的压路机对下承层进行碾压检验。

③对于压实度检查、弯沉测定结果不符要求的底基层，可采取补充碾压、换填好料、挖开晾晒等方式进行补救。

④对于槽式断面路段，应在两侧路肩部位开挖泄水槽，每隔 5～10m 设置一个泄水槽。

（2）施工放样。

测量每个断面的高程，恢复中线，并在两侧路肩边缘外 0.3～0.5m 设标有结构层设计高度的指示桩。

（3）计算材料用量。

对所需集料的数量和每车材料的堆放间距进行计算，计算依据主要包括以下几点。

①各路段基层或底基层的宽度。

②各路段基层或底基层的厚度。

③各路段基层或底基层预定的干密度。

（4）运输和摊铺集料。

运输时，应按照计算好的间距，由远及近进行堆放，堆放时间不能太长，通常情况下提前几天即可。此外，为了方便排水，应每隔一定距离在料堆间留有缺口。

集料松铺系数是通过试验来确定的，一般人工摊铺为 1.40～1.50，平地机摊铺为 1.25～1.35。摊铺时应按照预定宽度，力求摊铺的均匀和平整，并具有规定的路拱。

（5）拌和与整形。

二级以上公路（包括二级公路）需要拌和两遍以上，拌和深度应直至级配碎石层底。

二级以下公路，用平地机拌和 5～6 遍，使石屑均匀分布碎石料中，每段作业长度为 300～500m。

拌和过程中，用洒水车洒足所需的水分，使集料不会出现粗细颗粒离析现象，然后用平地机按规定的路拱将混合料整形。

（6）碾压。

整形后应马上用大于 12t 的三轮压路机、震动压路机或轮胎压路机进行碾压。对于已完成或正在碾压的路段，应禁止压路机在该路段上调头或急刹车。

对于含有土的级配碎石层或砾石层，宜采用滚浆碾压，直到表面无多余细土为止，最后还应将表面薄层土清理干净。

（7）接缝处理。

两个工作段进行衔接时，应搭接拌和。也就是说，前一段拌和整形之后，预留 5～8m 不碾压，在进行后一段的施工时，应将前一段未碾压部分加入适当水泥重新拌和，之后再整平碾压。

在施工过程中，要尽可能减少纵向接缝产生。如果是分两幅铺筑，则应搭接拌和。

2. 集中拌和法施工

级配碎（砾）石可以在中心站利用强制式拌和机、卧式双转轴桨叶式拌和机、普通混凝土拌和机等进行集中拌和。混合料被运输到现场之后，应用摊铺机对混合料进行摊铺。

①调试好所有设备之后才能开始正式拌和，同时还要确保混合料的组成和含水率达到规定要求。

②不同粒级的碎石和石屑等细集料应隔离，分别堆放。

③设专人消除集料离析现象。

④当天没来得及进行压实的混合料，应在次日与摊铺的混合料一起碾压，混合料的含水率应达到规定要求。必要时，应人工补充洒水。

级配碎（砾）石的施工应做到以下几点。

①控制级配集料的均匀性，配料要准确。

②控制 0.075mm 以下颗粒含量及塑性指数。

③掌握好松铺厚度和压实度（基层≥98%、底基层≥96%）。

④未筛分碎石一定要在潮湿情况下撒布石屑，否则拌和后石屑会落到底部。

第三节　不同类型路面的质量控制

一、水泥混凝土路面施工质量检查

（一）基层、底基层和垫层的施工质量检查内容

基层和底基层的质量检查可从三方面进行控制，分别是原材料标准试验、施工过程质量控制和外形尺寸检查。

1. 原材料标准试验

在进行施工之前和施工物料发生物理性质变化时，需要对材料进行相关参数的基本性质实验，以确认施工所用材料质量是否达标，还有原材料和各种混合料剂的适用性。

2. 施工过程质量控制

在施工过程中也需要对一些参数进行控制，以保证工程的整体质量，需要控制的主要项目包括：集料级配、结合料用量、含水率、弯沉值、压实度和拌和均匀性等。

3. 外形尺寸检查

施工完成面的外形尺寸也是施工质量的一个重要表现，而外形尺寸的检测和控制需要在日常管理中完成。

（二）基层、底基层和垫层的施工质量评定标准

路面结构层完成之后需要专业人员进行检查验收，以确定工程是否满足设计文件及施工规范要求。基层或底基层的验收检查包括外形尺寸和完成质量，一般以 1km 长的路段为检查单位，如果在施工过程中采用打流水作业法时，也可以用每天完成的路段为评定单位。检查抽取的样品必须具有随机性，避免带有主观性。

二、沥青路面施工质量管理与检查验收

（一）施工前的质量管理与检查验收

1. 施工前的材料与设备检查

材料的质量是保证施工质量的前提，因此对进场材料质量的控制是工程最重要的一环。因此，要保证材料的质量要做好以下三方面。

（1）招标和订货。

供货厂家须提供材料的各种检测报告，其中的检测参数需要符合设计要求和相关规范要求。

（2）三方检验。

进场的材料分别应由施工方实验室、监理试验室和第三方甲级试验室检验，三方检验全为合格的材料方可使用。

（3）使用和存放。

材料的使用和存放也要讲究方法，不然会出现材料本身没有问题，可是由

于使用方法不规范致使混合料达不到施工要求的情况，或者保存方式有问题，使原材料性质发生变化导致无法使用或者使用率降低，这都会给整个工程带来很大麻烦。

2. 试验段铺筑和施工参数确定

对高速公路、一级公路而言，铺筑试验段是不可缺少的步骤。通过试验路段可确定松铺厚度、碾压遍数和合理的机械组合等多项施工参数。

（二）施工过程中的质量管理与检查验收

1. 拌和厂质量检查

沥青拌和厂的技师和工程师要做到对拌和厂各项技术指标和工艺参数逐一检查，检查包括生产过程控制及产品质量检验两个方面的内容，生产过程控制包括以下几方面。

①目测。

②在线监测所拌和的每一盘混合料。

③对混合料的总量进行检测。

④实验室进行的检测项目。

在生产过程中，对沥青混合料总量检测主要应控制以下三种参数，即矿料级配、油石比、拌和温度。

沥青混合料产品质量检验包括取样抽提、筛分、马歇尔试验、矿料级配、矿料级配允许波动幅度等。拌和厂对沥青混合料的体积指标的检测必须与配合比设计时采用完全相同的条件和试验方法。

2. 铺筑过程中的质量检查

沥青路面在铺筑过程中的质量检查主要包括以下两方面。

①工程质量检查。

②外形尺寸检查。

在这一阶段，存在两个在线监测的过程控制，第一，摊铺过程中需要不停测量松铺厚度；第二，碾压过程中需要反复利用核子仪检测密度。质量管理的重点应放在路面质量检查上。

施工过程中质量检测的项目、频度、允许差，我国规范没有明确规定检查是由承包商还是由监理进行，在此建议由施工方、监理方共同检测。

3. 厚度的检测

在沥青路面的各项指标中，最难达到要求的就是路面厚度。在进行厚度检测时，主要包括以下几种无破损检测方法。

①专用松铺厚度插入式测杆,也称为插尺。
②通过得到的拌和数据进行总量检验。
③利用地质雷达检测。

4. 压实度的检测

压实的好坏直接关系到沥青路面的成败,如果压实不足,就会使沥青路面过早损坏,这就使得压实度的评定变得极为重要。

(1) 实行在线控制。

沥青路面的压实度检测,我国目前使用施工过程中在线监测的方法,重点对碾压工艺进行过程控制,即测定压实度以压实工艺控制为主,并适度钻孔检测作为抽检校核的手段。

(2) 防止过碾现象。

对于 SMA 混合料来说,如果不停碾压的话,就会出现沥青玛蹄脂部分逐渐上浮,表面构造深度越来越小,石料棱角被磨掉,压实度不再提高等现象。如果在混合料已经完全冷却的情况下依然不断碾压,产生的结果只能是将石料压碎,而并不是继续压实。

因此,在对混合料进行碾压时,应避免过碾压现象发生。因为在超出特定碾压遍数之后,如果再继续碾压,反而会使混合料的密度下降。

(3) 控制渗水系数。

路面具有良好的密水性是对沥青路面的一个最基本要求,只有这样沥青路面的寿命才会长久。

之所以要控制渗水系数,是因为其与密水性之间有很大关系。另外,在测定压实度和孔隙率时往往需要用到多个系数,因此弄虚作假的概率就变高,相比之下,渗水系数就直观的多。这也是直接检查渗水系数逐渐被越来越多国家重视起来的主要原因。

第四节 路面养护与路面病害

一、路面损坏分类

（一）结构性损坏

所谓结构性损坏指的就是路面结构的整体、某一组成部分或几个组成部分发生破坏,特别严重时甚至无法承受车辆荷载。对于这种损坏,大多数情况下需要对其进行重新翻修。

（二）功能性损坏

所谓功能性损坏，主要是指路面的某些功能下降，比如不够平整、抗滑能力降低等，进而对行车质量产生影响。对于这种损坏，要想使面层的功能得到恢复，以满足行车使用要求，可以通过以下三种方式：第一，修整；第二，养护；第三，罩面。

二、路面养护分类

采取路面养护措施时，应通过路面技术状况调查，对现有路面使用质量进行评定，并结合公路的性质、等级、交通量和当地的技术经济条件，提出适宜的养护对策和优先顺序。

（一）路面小修保养

1. 保养工程

保养工程的主要包括以下内容。

①清除路面上的泥土、杂物，保持路面整洁。

②排除路面上的积水、积雪、积冰、积沙。

③碎砾石路面扫匀面砂、添加面砂、洒水润湿、刮平波浪、修补磨耗层。

④处理沥青路面的泛油、拥包、裂缝、松散等病害。

⑤砂石路面刮平，修理车辙。

⑥水泥混凝土路面修理板边接缝及堵塞裂缝等。

2. 小修

小修的内容主要包括以下几方面内容。

①局部处理砂土路的翻浆、变形，添加稳定料。

②碎砾石路面的局部加宽、修补坑槽、整段修理磨耗层或扫浆铺砂。

③沥青路面修补坑槽、沉陷，处理波浪、啃边等病害。

④水泥混凝土路面面板的局部修理和调整平整度。

（二）路面中修工程

路面中修主要包括以下几方面内容。

①砂石路面大面积处理翻浆，修理横断面。

②碎砾石路面局部地段加厚、加宽、调整路拱、加铺磨耗层和保护层、处理严重病害。

③沥青路面整段封层罩面。
④沥青路面严重病害处理。
⑤水泥混凝土路面个别面板更换、浇注或加铺沥青磨耗层。

（三）路面大修工程

路面大修工程主要包括以下几方面内容。
①整线整段用稳定材料改善土路。
②整段加宽、加厚或翻修重铺碎砾石路面。
③翻修或补强重铺，或加宽沥青路面。

（四）路面改善工程

路面改善工程主要包括以下几方面内容。
①分段提高公路技术等级，铺筑沥青路面。
②新铺碎砾石路面等。

三、沥青路面主要病害

（一）沉陷

在车轮荷载的作用下，路面会产生较大凹陷变形，有时在凹陷两侧还会伴有隆起，这一现象即为沉陷。路基水文条件不好且过于湿软是造成路面沉陷的主要原因，一旦路基无法很好地承受路面传递来的荷载应力，就会产生较大的竖向变形，路面沉陷也就随之产生。

（二）车辙

在车轮荷载的重复作用下，路面会沿着车轮迹带产生纵向带装凹陷，这种凹陷即为车辙，车辙产生时往往还会伴有以纵向为主的裂缝。

车辙产生的主要原因就是由于受到行车荷载的重复作用，路基和路面各层永久变形的逐步积累形成。

（三）泛油

如果沥青用量在混合料中所占比例偏多，就会导致泛油现象产生，同时沥青稠度过低也是泛油产生的主要原因之一。除此以外，如果是在低温环境下施工，就会散失过多的表面嵌缝料，那么等到气温上升之后，在车辆荷载的作用下，矿料会被下挤，沥青就会上泛，最终导致路面形成油层，从而引起泛油。

（四）波浪

路面形成的有规则的低洼和凸起变形被称为波浪。波浪变形是由于沥青洒布不均，再经过行车不断撞击而形成的。

较易形成波浪变形的地方主要包括以下几处：第一，交叉口；第二，停车站；第三，行车水平力作用较大的路段。对于比较轻微的波浪变形，可在较热的季节通过强行压平的方式来修复，但如果波浪变形比较严重，那么就必须采用热拌沥青混合料填平。

（五）拥包

如果沥青面层材料的抗剪强度不够，那么在受到行车水平力的作用之后，便很容易产生推挤拥包。产生拥包的原因主要包括以下几方面。

①沥青的稠度比较低。
②沥青用量比较多。
③混合料中矿料级配较差。
④细料所占比重较多。
⑤面层较薄或面层与基层的黏结较差。

通常情况下，铲平是处治这种病害的唯一办法。

（六）滑溜

受行车作用力的影响，沥青路面的矿料逐渐被磨光，致使多余沥青泛油，从而形成表面滑溜。加铺防滑封面是处治这类病害的常用方法。

（七）裂缝

1. 纵向裂缝。

沥青路面产生纵向裂缝的原因主要有以下两种。

①填土未压实、产生了不均匀沉陷或冻胀。
②沥青混合料摊铺时间较长或接缝压实不符合要求。

2. 横向裂缝。

（1）低温裂缝。

在低温状态下，由于气温下降速率较大，阻碍了沥青类路面材料的急剧收缩，进而产生了大于抗拉强度的拉应力，使得面层拉裂。

（2）反射裂缝。

由于水硬性结合料稳定类基层湿度发生变化，使得所产生的收缩裂缝反映到了面层上来，进而产生了反射裂缝。

3.龟裂与网裂

龟裂和网裂产生的原因主要包括以下两方面。

①路面整体强度不足。

②沥青面层老化。

纵缝和横缝较小时，可通过灌入热沥青材料进行处理；裂缝较大时，可用填塞沥青石屑混合料的方法进行处理；对于大面积的龟裂、网裂，通常采用加铺封层或沥青表面处治，如有必要，则应进行补强或彻底翻修。

（八）松散

松散是路表面集料的松动、松散现象，大多出现在沥青路面的使用初期。松散的原因主要包括以下几点。

①所用沥青的稠度较低、黏结力较差、用量较少。

②使用的矿料过于潮湿、铺撒不均匀。

③由于使用了不合规格的嵌缝料，无法被沥青粘牢。

如果基层过于湿软，则首先应将松散的沥青面层清除干净，再重新压实，等基层干燥之后再铺面层。

（九）坑槽

坑槽是松散材料散失后形成的凹坑。产生的原因主要包括以下几点：第一，发生网裂、龟裂的面层未及时养护；第二，基层局部强度不够。

坑槽处治的方法是将坑槽范围挖成矩形，槽壁垂直，在四周涂刷热沥青后，从基层到面层用与原结构相同的材料填补，并予以夯实。

（十）啃边

所谓啃边指的就是沥青路面边缘缺损、参差不齐，进而使路面宽度减小的现象。形成啃边最常见的原因是路面过窄，车辆压到路面边缘。此外，边缘强度不够、路肩高度不合理、雨水冲刷等也都容易造成啃边。

设置路缘石、加宽路面、加固路肩是处治啃边病害的常见方法，如有必要，还可将路面基层加宽到面层宽度外 20～30cm。

四、水泥混凝土路面主要病害

（一）断裂

断裂的产生，是由于路面板内的应力超过了混凝土强度，产生的原因主要包括以下几方面。

①板太薄、轮载过重、作用次数过多。
②板的平面尺寸过大。
③地基下沉过大、产生不均匀下沉。
④施工养生期间收缩应力过大或混凝土强度不足。

断裂的出现，破坏了板的结构整体性，使板丧失了应有的承载能力。

（二）挤碎

挤碎主要是指接缝附近数十厘米范围内的板因受挤压而碎裂，产生的原因主要包括胀缝内的滑动传力杆排列不正或不能正常滑动，缝隙内有混凝土搭连或落入坚硬的杂质等，严重阻碍了路面板膨胀，使得接缝处边缘部分产生较高的挤压应力而剪裂成碎块。

（三）拱起

一旦混凝土面板的热膨胀受到阻碍，接缝两侧的板就会向上拱起。一般情况下，粗集料选用膨胀性较大的石料时，产生板块拱起的概率更大。

（四）唧泥

所谓唧泥，指的就是在车辆经过接缝或裂缝时，从缝内喷溅出稀泥浆的现象。唧泥会使面板边缘和角隅部分逐步失去支承，而导致板断裂。

（五）错台

错台是指接缝或裂缝两侧面板端部出现的竖向相对位移。错台的产生，使得行车的平稳性和舒适性大大降低。

第四章　路基施工技术

公路路基作为路面基础，也是公路的承重主体，路基的施工技术也关系到公路质量。因此，本章以路基施工技术为题目，从路基工程概述、土质路基施工、石质路基施工以及路基的排水与防护工程施工这四个方面进行重点论述。

第一节　路基工程概述

一、路基工程的基本结构

因为自然的地面高度不同，还会有一定的起伏，路基布置与标高自然也会不同。但是不管怎样变化，都需要按照路线的平、纵、横设计来设定。这样就可以为路面提供足够宽度的平整基面。

路基会承受在上面行驶的车辆的重量，它一般会在路基顶面以下的1.5m的范围内。这部分路基可以根据它所发挥的作用成为路面的基底层。强度与稳定性的要求需要根据路基面综合设计情况来设定。路基的质量直接关系到路面的强度与稳定性，还可以适当减薄路面厚度，由此可以看出在路基路面的综合设计在整个路基工程的施工阶段中具有重要意义。

路基的设计应该符合当地的实际情况，根据当地的自然条件，设计出合适的施工方法。还要严格遵守相关规定与技术标准。这样才可以保障施工活动的科学性与合理性，确保资金合理使用。

在路基设计之前应该有充分调查研究，工作人员对于施工的地点与路线要有清晰的认知，包括地形、地貌、气象、水文、洪水位等，对于建筑的材料的特点、性质等也要有充分了解。实地勘察也必不可少，这样结合收集的资料相关工作人员就可以对现有的施工方案加以改进，不断增强施工方案的可行性。不仅要考虑技术上的可行，还要考虑经济上的可行，这样经过优化之后的方案才可以得以最终实行。

在路基整体的结构中还要加固与防护每一项附属设施，如基本的路基排水，甚至还包括取土坑、护坡道以及错车道等。

路基的几何尺寸由三项构成，即宽度、高度与边坡坡度。由于路基的标高与所处的地面的标高并不相同，再加上所经过的地方的路基岩土性质的不同，各处的附属设施的布置也就不同，这就造成了路基在不同地段的横断面形状各异。

对于超过规定范围的深挖路基，还有地质与水文等特殊条件的路基，为了确保路基具有一定的强度与稳定性其横断面形式还需要进行特殊设计与验算，这是不可以避免的。

二、路基工程的特点

路基会跨越不同的地形与地貌，是绵延千里的线性建筑物，其处于岩石之上，更处在风云变幻的大自然之中，主要特点为以下三个。

（一）建筑在岩土地基上的岩土结构

岩与土属于两种介质，还都属于不连续介质，具有空隙性与多项性。路基就是建立在岩土地基上的岩土结构。公路经过的不同地形与地貌，不同的地质条件就会产生不同的性质，即便是同一种岩土，也会在不同的自然条件中发生变化，这些都会影响路基施工。路基施工与圬工建筑物相比，它的稳定性更容易受到影响。

（二）完全暴露在大自然之中

公路所经过的地方，路基也会经过，路基会遇到各种不同的工作环境与自然环境。不管在什么时间都会受到这些自然环境的影响。可以说路基是完全暴露在大自然之中的。路基的设计、养护与施工，都会与自然环境相联系，不能将它们分离。

（三）同时受静荷载和动荷载的作用

路基上的道路重量是静荷载，行驶车辆的荷载属于动荷载。一般引起路基变形与损害的主要是动荷载。如果是以饱和的粉细砂与软土为基底的路基其损害会更加严重。在动荷载的作用之下，机床上抗剪强度会降低，很有可能会导致饱和沙土液化，软土变硬，使路基的强度与稳定性发生改变，最终被破坏。在路基的设计中，不仅要考虑上述的因素，还要考虑到静荷载与动荷载影响。

除此之外，路基工程与其他的工程相比，具有工程数量大、投资大、占地面大等特点，还与城市规划、环境保护具有密切联系。

第二节 土质路基施工

一、填料选择

填筑路堤时,为确保路堤的强度和稳定性,通常会取用当地强度比较高、稳定性较好、透水性好的土石作为填料,常见的有碎石、砾石、卵石和粗砂等,之所以会优先选用这些石材,主要有以下几方面原因。

①强度较高且不易变形,水稳性好。
②在填筑过程中不需要考虑含水量影响。
③分层压实后容易达到规定的施工质量。

如果不得已要用透水性不好,甚至不透水的土做路堤填料时,则需要特别注意以下几点。

①如所用土为黏土,则必须要在达到最佳含水量的前提下,进行分层填筑并充分压实。
②切记不可用水稳性和冰冻稳定性都比较差的粉质土作为路堤填料,尤其是一些季节性冰冻地区。
③低于5m的路堤,可用黏质土或高液限黏土作为填料,前提是必须要采用水平分层填筑方式,并按照规定的密实度进行压实处理。

高速公路和一级公路路堤填料应到实地采取土样并进行土工试验,有关指标应符合表4-1的技术要求。二级及二级以下公路路堤填料也宜按表4-1的规定选用。

表4-1 路基填方材料最小强度和最大粒径

项目分类 (路面底面以下深度)		填料最小强度(CBR,%)		填料最大粒径(cm)
		高速公路及一级公路	其他公路	
路堤	上路床(0~30cm)	8.0	6.0	10
	下路床(30~80cm)	5.0	4.0	10
	上路堤(80~150cm)	4.0	3.0	15
	下路堤(>150cm)	3.0	2.0	15
零填及路堑路床(0~30cm)		8.0	6.0	10

二、基底处理

所谓路堤基底,就是指被清理后的路堤所在的原地面,它属于自然地面的一部分。在对路基进行处理时,应充分考虑基底的土质、水文、坡度、植被及路基高度等因素,以确保路基的整体强度和稳定性。因此,在处理路基时,以下几方面需要特别注意。

①务必要将原地面的临时排水工作做好。对于易积水的地方,用土填平后还应按规定压实。排出的雨水不能冲刷到路基,也不得流入农田和耕地,更不能引起淤塞。

②如果路堤基底的原状土已经无法满足强度要求,则应立刻进行换填处理,所挖深度应大于30cm,并分层找平压实。

③在填筑矮路堤时,填筑高度应与路基工作区接近或者相等。为了进一步提高路基的强度和稳定性,应对矮路堤进行挖除种植土、换土、挖松压密加铺沙砾石垫层等处理。

三、填筑方式及机械配置

(一)水平填筑

在填筑土质路堤时,一般会将路堤划分成若干水平层次,之后再依次向上填筑,这种填筑方式即为水平填筑。在填筑时,应从底层开始填筑,每填筑完一层都要进行压实处理,指导压实度达到要求之后再进行下一层填筑。如果需要用不同土质来进行填筑,则必须要严格遵守填筑工艺要求。水平填筑主要包括以下几方面要求。

①如果用透水性不是很好的土来填筑路堤底层,则应在表面做成4%的双向横坡。

②为了使路堤内部的水分得到充分蒸发,则在填筑路堤时,应在中上层使用透水性较好的沙砾类材料。

③透水性不同的土不能混在一起进行填筑。

④对不同土质的层位进行合理安排,比较优良的土应填筑在路堤上层,强度较低的土填在下层。

⑤当用不同土质填筑公路纵向的路堤时,必须要在不同土质的交接处做成斜面,以免发生不均匀变形。除此以外,一些透水性比较差的土应该填筑在斜面下方。

（二）竖向填筑

所谓竖向填筑指的就是在施工时将填料沿路线纵向在坡度较大的原地面上倾填，形成倾斜的土层，碾压密实之后，再逐层向前推进。

当出现以下情况时，可以考虑采用竖向填筑。

①原地面纵向坡度大于12%。

②路线所经过的地段跨越深谷或者局部地面有比较陡的横坡。

③地面高差比较大。

（三）混合式填筑

所谓混合式填筑路堤主要是指下层用竖向填筑，上层用水平填筑的一种填筑方式。这种填筑方式可以有效确保上部填土的密实度。其作业方式主要是根据填料运距、填筑高度、工程量等因素来确定。

①对于取土填土高度小于3m的路堤，可用推土机推填、平地机整平，达到最佳含水率之后，再用压路机压实。

②如果所填筑路堤的填方量比较集中，当填料运距大于1km时，可用松土机翻松，用挖土机或装载机配合自卸汽车运输，料运到作业面后用平地机整平，配合洒水车和压路机压实；当填料运距在1km范围内时，可用铲运机运土，辅以推土机开道、翻松硬土、平整取土段清除障碍及推土。

四、路堑开挖

（一）横挖法

对于一些短而浅的路堑，需要采用横挖法，即从路堑的一端或两端，在横断面范围内向前开挖。当路堑比较浅时，一次挖到设计标高的开挖方式称为单层横挖法。若路堑较深，为增加作业面，以便容纳较多的施工机械形成多向出土以加快工程进度，而在不同高度上分成几个台阶同时开挖的方式称为多层横挖法，各施工层面具有独立的出土通道和临时排水设施。

采用人工的方式开挖路堑时，施工台阶高度应为1.5～2.0m。采用机械开挖路堑时，台阶高度一般为3～4m。如果运距比较近，可用推土机开挖；如果运距比较远，可用挖掘机与自卸汽车相互配合进行开挖，也可以用推土机堆土后，再安排自卸汽车运土。需要注意的是，在开挖时，还同时需要配备人工或者平地机来进行分层修刮和边坡整平。

（二）纵挖法

所谓纵挖法指的就是开挖时沿路堑纵向将开挖深度内的土体分成厚度不大的土层依次开挖。

1. 分层纵挖法

该方法适宜于路堑宽度和深度均不大的情况，在路堑纵断面全宽范围内纵向分层挖掘。

当遇到以下情况时，宜采用推土机作业：第一，开挖地段的横坡较陡；第二，开挖长度小于100m；第三，开挖深度小于3m。

如果开挖路堑的长度大于1 000m，则需要用铲运机或者同时配合使用推土机来进行作业。

2. 通道纵挖法

该方法适宜于路堑较长、较宽、较深而两端地面坡度较小的情况。开挖时先沿纵向分层每层先挖出一条通道，然后开挖通道两旁，通道作为机械运行和出土的线路。

如果开挖的路堑很长，可在一侧适当位置将路堑横向挖穿，把路堑分为几段，各段再采用纵向开挖的方式作业，这种挖掘路堑的方法称为分段挖掘法。这种挖掘方式可增加施工作业面减少作业面之间的干扰并增加出料口，从而大大提高工效，适用于傍山的深长路堑的开挖。

用推土机开挖路堑时，每一铲挖地段的长度应以满足一次铲切达到的满载为佳，一般为5～10m。铲挖时宜下坡进行，对于普通土，下坡坡度不宜小于10%，但不得大于15%；傍山卸土时应设向内稍低的横坡，但同时应留有向外排水的通道。当采用铲运机开挖路堑时，铲运机在路基上的作业长度不宜小于100m，宽度应能使铲斗易于达到满载。当采用铲斗容量为4～8m³的拖式铲运机或铲运推土机时，运距一般为100～400m；当铲斗容量为9～12m³时，运距宜为100～700m。

（三）混合式开挖法

混合式开挖法是将横挖法与纵挖法混合使用。首先会采用纵挖法沿路堑开挖通道，之后就会采用横挖法，从通道开始沿着横向坡面挖掘。这样做的目的就是增加开挖坡面，从而可以使每个坡面都能够容纳一个施工作业组或一台施工机械。

路堑开挖应严格按照自上而下的方式进行，不得超挖、滥挖。在对边坡稳定性不产生任何影响的前提下，为了进一步提高开挖效率，也可采用小型爆破的方式。

在开挖的过程中一旦发现土质变化，应立刻修改施工方案和边坡坡度。路堑路床的表层土若为有机土、难以晾干或其他不宜作路床的土时，应用符合要求的土置换，然后按路堤填筑要求进行压实；当置换土层厚度超过30m时，其压实度应达到表4-2所列数值的90%。

表4-2　土质路基压实标准（重型击实标准）

填挖类型		路床表面以下深度（cm）	压实度（%）	
			高速公路及一级公路	其他公路
路堤	路床	0～80	≥95	≥93
	上路堤	80～150	≥93	≥90
	下路堤	>150	≥90	≥90
零填及路堑路床		0～30	≥95	≥93	—

五、路基压实

（一）压实质量要求

路基压实的压实质量一般是通过土的密实度来衡量的，用压实度来表示路基的压实标准。合理确定压实度，对保证路基的强度和稳定性、技术的可行性、工程经济性都有非常重大的意义。但是在实际施工中，压实度几乎无法达到百分之百。

在达到最佳含水量的情况下才能进行路基压实，并且不同土质的各种指标值也要在施工前半个月进行测定，选取有代表性的土样进行试验，并且每种土都至少要取一组土样。如果在施工过程中土质发生了变化，则应立刻取土样补做试验。

路基不同层位压实度要求也有所不同，相比于下部，上部的压实度要求会更高。一些等级较高的路面，压实度要求也就越高。

（二）土质路堤碾压

在选择碾压机械时，应对各方面因素进行综合考虑，主要包括工程规模、场地大小、填料类别、压实度要求、气候条件、工期要求及土质等。

如果填料为细粒土、砂类土或砾石土，施工时应通过摊开晾晒或适当洒水等方式使土的实际含水量达到最佳含水量的±（1%～2%）之后再进行碾压。

如果需要人工洒水，则应对洒水量进行估算。洒水工作完成后，需等到水分完全渗入到土中之后再进行碾压。

此外，应根据土的种类、实际含水量、压实度要求等来确定压实遍数。对于高速公路和一级公路，在进行碾压时宜使用振动压路机或者35～50t的轮胎压路机。

六、路基整修、检查验收与维修

（一）路基整修

1. 土质路基的整修

在整修土质路基表面时，切土、补土工作一般是在人工和机械相互配合的情况下完成的，同时用压路机碾压。对于加深的路堑边坡，切记不可在边坡上贴补，应自上而下进行削坡整修。超出设计标高的填土应用平地机刮平，陆地两侧超出涉及高度的部分也要切除。

2. 边坡加固与整修

应在边坡加固地段预留加固位置和厚度，如果边坡被冲刷成沟槽，则应从下往上分层挖台阶进行填筑和夯实。如果在非加固边坡地段，可用种植土进行填补并种植花草。如果出现冲沟和坍塌缺口，则应从下往上进行加宽填补、压实，并按设计坡面修坡。

（二）检查验收及质量标准

1. 中间检查

中间检查应按照设计文件和施工规范来进行，每完成一个分部分项工程都需要进行中间检查，比如在处理完路基原地面之后，要对基底的处理情况进行检查等。

需要注意的是，以下工序完成后必须要进行中间检查验收，合格之后才能开始下一工序的施工。

①路基渗沟回填土前。

②路基换土工作完成后。

③各类防护加固工程基坑开挖后。

2. 竣工验收

对路基进行竣工验收时，应对以下项目进行检查、验收。

①路基的平面位置、路基宽度、标高横坡和平整度。
②边坡坡度及加固设施。
③边沟等排水设施的尺寸及沟底纵坡。
④防护工程的修建位置和各部尺寸。
⑤填土压实度及表面弯沉。
⑥取土坑、弃土堆、护坡道、截水沟、渗水井等的位置和形式。
⑦隐蔽工程施工记录等。

3. 质量标准

（1）土方路基。

土方路基施工应符合下列质量要求。

①路基必须分层填筑压实。
②表面平整坚实。
③无软弹和翻浆现象，路拱合适。
④排水良好。
⑤土的压实度、强度和路床的整体强度符合设计要求。

（2）路肩。

在进行路肩施工时，应做到以下几点：第一，表面平整、密实、无积水；第二，边缘顺直；第三，曲线圆滑。路肩偏差应符合表4-3的规定。

表4-3 路肩允许偏差

项次	检查项目		允许偏差
1	压实度		不小于设计值
2	平整度（mm）	土路肩	20
		硬路肩	10
3	宽度		不小于设计值
4	横坡		±0.5%

（3）地表排水设施。

边沟、截水沟或排水沟应线条顺直曲线圆滑，沟底平整，排水畅通。浆砌片石加固体，砂浆应密实饱满，配合比符合设计要求。边沟勾缝平顺，缝宽均匀，无脱落现象。沟渠断面应均匀平整无凹凸不平现象，沟底无积水。施工出现的偏差应符合表4-4的要求。

表4-4 边沟（排水沟）允许偏差

项次	检查项目	允许偏差
1	沟底高程（mm）	±50%
2	边沟断面尺寸	不小于设计值
3	沟底坡度	不陡于设计值
4	铺砌厚度	不小于设计值（有铺砌时）

（三）路基维修

路基施工完成以后，在以下情况下，如果路基发生损坏，则施工单位应该负责维修。

①路面施工前。

②公路工程初验后至竣工验收终验前。

此外，施工单位还应确保路基排水设施完好，如果排水设施中出现淤积物和杂草，则应及时清理。对于已经停工很长时间，或者暂时不打算做路面的路基，应保持排水通畅，复工前还应整修路基的各分项工程。要确定路基表面光滑、保持规定的路拱，才能开始路面施工。如果路堤遭到雨水冲刷，要及时进行修补和加固；如果发生沉降，则应查明原因，采取恰当的处理措施，并进行记录。

此外，还应及时清理路堑边坡塌方。未经加固的高路堤和路堑边坡及潮湿地区的土质路基边坡上的积雪应及时清除，以免危害路基。路基构造物应时刻保持稳定，一旦出现变形要及时修复。如果在路基完工后遇到持续大雨、暴雨天气，或者正处于积雪融化期，则应禁止施工机械和车辆在土质路基上行驶，在不得不通行的情况下，则应及时排干积水，并进行整平、压实。

第三节 石质路基施工

一、填石路堤施工

（一）填石路堤材料选择方面要求

1.石料强度值要求

通常情况下，在选择填石堤时所需石料的强度值应大于15MPa，而对于护坡过程中所需要的石料强度值应大于20MPa。

2. 石料最大粒径要求

填料最大粒径不宜超过分层压实厚度的 2/3。

3. 石料性质要求

当石料性质存在较大差异时，应将不同性质石料进行分层或分段填筑（以现场实况为准）。除此之外，还可使用挖出的混合石料填筑，但这种情况仅限于所利用的隧道弃渣岩石或路堑挖方岩石为不同岩种互层时。需要注意的是，即便是使用混合石料进行填充，也要注意粒径及石料强度要求。

被暴露在大气中多时且风化速度较快的石料不可用于填石路堤中，若不得不用这些石料或是软质岩石作为填石路堤材料的情况下，需要对其进行 CBR 值检测，若 CBR 值检测的结果符合填土材质标准，便可以使用，但在使用过程中需要按照土质筑堤的技术要求进行施工。若 CBR 值检测结果没有达标，则禁止使用。

4. 高速公路、一级公路石料要求

对于其他公路填筑材料要求而言，高速公路和一级石路所需要的石料要求会更高一些，首先需要以高速公路和一级石路填石路堤床顶为准，向下延伸 50cm 的范围内，都需要使用符合路床要求的土进行填筑，这里所需土的大粒径要控制在 10cm 以内，填筑过程中，需要进行分层压实。

其他公路在进行填石路堤的过程中，首先需要以该公路路床顶为准，向下延伸的 30cm 范围内，都需要使用符合路床要求的土进行填筑，其所需要的填料大粒径应控制在 15cm 以内。

（二）填筑工艺

在对石路进行填筑的过程中，填石路堤与土质路堤的基底处理是相同的。对于高速公路、一级公路及铺设高级路面的其他公路的填石路堤，需要进行分层式填筑和分层式压实。在陡坡段，当施工困难或大量爆破开挖进行填筑时，铺设中、低等级路面的路堤下部可用倾斜充填方式填筑，但路床底面以下 1m 范围内应改为水平分层填筑、分层压实。

要想保证路堤边坡的稳定性，就需要在倾填之前做好铺垫的前期准备工作，并且铺垫材质的选择是极其重要的，其粒径应大于 3cm，且应使用硬质石料码砌路堤边坡。当码砌宽度大于 2m 时，路堤边坡的高度应高于 6m；当码砌宽度大于 1m 时，路堤高度应在 6m 以下；高速公路和一级公路填石路堤填料的分层松铺厚度应小于 50cm，其他公路则需要小于 1m。

在进行层状堆填时，石料运输路线首先，需要按照由低到高的施工组织计划安排；其次需要进行先两侧后中央卸料，并用大型推土机水平分层，摊铺平整；最后其他个别不平处用人工以细石块、石屑找平。

在施工过程中，难免会遇到填料级配较差的情况（填层较厚、粒径较大、石块间的缝隙较大等），因此为了保证填石路堤的稳定性和强度，可采用水沉积法填筑路基。当然，这种方法只能在水源较为丰富的情况下进行使用。这是因为工人将石渣、石屑、中粗砂等扫入石块间空隙中后，需用压力水把这些细材打入到填材料层下部，这样反复多次，直至填满石材的空隙。

（三）压实及质量控制

施工时应通过压力试验确定压实至所需压实度所需的压实次数（夯实次数）。压实试验应使用大于 12t 的振动压路机进行压实试验，如果压实层的顶面稳定且不再下沉，表面无凹凸，则可确定已被压实。对于适宜压实厚度是否符合具体施工需要，实际工程中一般会采用试压来做进一步确定，它的最大厚度通常小于 50cm。但如果所采用的是重型振动压路机压实的话，其厚实度可允许在 1m 以内。

在进行压实作业过程中，应先从路堤两侧开始进行碾压，而后再压中间部分；压实路径平行于纵向反复进行碾压，碾压轮迹应重叠 40～50cm；前后相邻施工段的衔接处应重叠碾压 100～150cm。使用夯锤夯实时，需要达到规定密实度后，向后移动一个夯锤位置，因此需要呈弧状布点。

填石路堤压实到要求的密实度所需碾压（夯实）遍数应通过试压确定。石料的紧密程度可用 12t 以上振动压路机进行压实检验，若压实层顶面稳定，不再下沉，表面无轮迹，则可判定为已碾压密实。

用重型夯锤夯实时，以重锤下落时不下沉而发生弹跳现象为达到密实度要求。高速公路及一级公路填石路堤路床顶面以下 50cm（其他公路为 30cm）范围内的压实度要求与土质路堤相同。

二、石质路堑开挖

（一）爆破法开挖

该方法主要是利用炸药的爆破能量将土石炸碎，以便于后期的挖运，也可以借助爆破的方法来改变土石位置。用这种方法开挖石质路堑具有工效高、速度快、劳动力消耗少、施工成本低等优点。

对于岩质坚硬，不可能用人工或机械开挖的石质路堑，通常采用爆破法开挖。

根据炸药用量的多少，爆破法分为中小型爆破和大爆破，其中使用频率最高的是中小型爆破，大爆破的应用则受多种因素限制。例如，开挖山岭地带的石方路堑时，若岩层不太破碎，路堑较深且路线通过突出的山嘴时，采用大爆破开挖可有效提高施工效率。但如果路堑位于页岩、片岩、砂岩、砾岩等非整体性岩体时，则不应采用大爆破开挖。尤其是路堑位于岩石倾斜朝向路线且有夹砂层、黏土层的软弱地段及易坍塌的堆积层时，禁止采用大爆破开挖，以免对路基稳定性造成危害。

爆破对山体破坏较大，对周围环境也有较大影响，因此必须按有关施工规范和安全规程进行作业，严格按设计文件实施。通常事先应进行试爆分析，用试爆分析结果作为指导施工的依据。

（二）松土法开挖

松土方法的开挖的过程是，首先，用推土机将岩体返送；其次，用推土机或装载机与自卸汽车合作，将松散岩体运输至指定位置。

松土法挖掘从根本上避免了爆破作业的危险性，除此之外，还能在一定程度上稳定挖方边坡和确保附近建筑设施的安全。由此可见，若可以使用松土法进行挖掘，就应避免使用爆破法施工。

随着大功率工程机械的使用，松土法在石质路堑开挖中的应用越来越多，开挖效率也呈逐渐上升趋势，采用松土法施工的范围被逐渐扩大。

岩体破裂面情况及风化程度直接影响到松土法开挖的效率。当岩体已裂成小石块或呈粒状时，松土只能劈成沟槽，效率较低；岩体被破碎岩石分隔成较大块体时，松开效率较高。

沉积岩的沉积层，如砂岩、石灰岩和页岩，是相对容易释放的岩石，沉积层越薄就会松动。释放的程度取决于破裂表面的发育程度。花岗岩、玄武岩、安山岩等岩浆岩不呈层状或带状，松开比较困难。

多齿松土动装置适用于松散破碎的薄层岩体，单齿松土动装置适用于松散厚层岩体。松土器型号及松土间隔应根据岩石的强度、裂隙情况、推土机功率等选择，最好通过现场松土器劈松试验来确定。遇到较坚硬的岩石，松土器难以贯入，引起推土机后部翘起或履带打滑时，可用另一台推土机在松土器后面顶推。坚硬完整的岩石难于翻松，可先进行适当的浅孔松动爆破，再进行松土作业。

(三)破碎法开挖

破碎法挖掘是利用破碎机对岩块进行凿岩后,进行组装、搬运等作业。该方法的原理是将凿子安装在推土机或挖掘机上,通过活塞的冲击作用在钻岩中产生冲击力,打碎岩石。破碎岩石的能力取决于活塞功率的大小。破碎法主要用于岩体裂缝较多、岩块体积小、抗压强度低于100MPa的岩石,考虑到挖掘工作的效率,该方法可以在无法使用上述两种方法的地方使用。

三、坡面防护工程施工

路基石质差时,在雨水、风力、温度变化、冻结等自然因素的作用下,会出现风化、剥落、脱落等病害,严重时甚至会出现较大的滑动、变形、塌陷等损伤,因此路基边坡的保护技术及措施不可忽视。一般的保护措施将按当地气候、水文、土地、地质条件和建筑材料的分配来选定。

(一)抹面与捶面

1.抹面与捶面定义

抹面是人工将水泥灰浆或多接合土等材料置于坡面最终将边坡进行封闭,从而对坡面起到一定保护作用的方法;捶面是将多合土及其他相关材料,经过一系列捶击、拍打后,最终使其贴至于坡面上,形成一个紧密的保护层来保护路基边坡的方法。

2.抹面与捶面使用年限

(1)抹面使用年限。

抹面的使用年限为8~10年,厚度为3~7cm,施工时应分两次进行,底层抹全厚的2/3,面层抹全厚的1/3。

(2)捶面使用年限。

捶面的使用年限为10~15年,厚度为10~15cm,等厚式截面是它使用较为频繁的方式。如果遇到较高的边坡时,可采用上薄下厚的截面形式。在施工过程中,应均匀捶打使多合土与坡面贴紧、粘牢,最终要达到厚度均匀、表面光滑的程度。

3.适用的岩石边坡

没有被严重风化的、软质的岩石边坡是抹面较为适用的,该方法除了对坡面的干燥度有要求外,对边坡的坡度是没有限制的;捶面与抹面正好相反,捶面适用于比较容易被风化剥落的岩石及土质边坡,且要求边坡的坡度应小于1∶0.5。

4.抹面与捶面使用须知

抹面与捶面的面积较大时,对缝隙有一定的要求,其缝宽度应控制在1～2cm,缝距应控制在10m以下;在进行抹面与捶面施工过程中,需要将没有受到防护接触的边坡四周进行封闭,坡脚一般会用一道高1～2m的浆砌片石来防护墙壁。

5.施工前期准备

在进行抹面或捶面施工前,需要将被施工坡面清理干净,确保表面是平整的、湿润的、密实的。

(二)喷浆及喷射混凝土

1.喷浆及喷射混凝土定义

将水泥砂浆或混凝土喷洒在边坡上,用喷涂设备进行保护,使其形成砂浆或混凝土保护层,防止边坡风化,这便是喷浆及喷射混凝土。

2.适用的岩石边坡

这两种方法适用于易风化、坡面不平、裂隙和节理发育的岩石边坡。对于高陡、上部岩层破碎、下部岩层相对来讲比较完整的边坡及需要大面积防护的边坡而言,使用该方法进行防护是最为经济的。

3.喷浆及喷射混凝土使用须知

喷浆防护所用的砂浆强度不应低于M10,厚度为5～10cm。喷射混凝土强度不应低于C15,混凝土中集料最大粒径不超过15mm,厚度为10～15cm,分2～3次喷射,喷层厚度应均匀。喷射混凝土护坡与无防护边坡的接缝应严格封闭,以免因水入渗而对保护层造成破坏,坡脚还要做一道1～2m高的浆砌片石护坡。

4.施工前期准备工作

在喷射或喷浆混凝土施工前期,应当先将岩体表面冲洗干净,防止太多泥土或灰尘,如果边坡上有比较大的裂缝或是凹陷时,需要将其进行修补,且修补需牢固。将菱形金属网或强度聚合物土工格栅放置在边坡上制备喷射混凝土时,要用锚杆将混凝土保护层的土工格栅固定在边坡上,从而提高混凝土保护层的整体强度,增强喷射混凝土与边坡连接,提高防护效果。

使用时首先需要将锚杆孔内冲洗干净,然后再将锚杆插入其中,最后注入水泥砂浆。菱形金属网或土工格栅与锚杆之间的连接应牢固可靠,与边坡保持规定距离的同时,还要注意不可外露。该项工作严禁在大雨或冰冻季节进行喷射作业。

（三）灌浆及勾缝

1. 灌浆及勾缝定义

灌浆是在开挖坚硬岩石边坡后，及时将水泥砂浆或混凝土灌入裂缝之中。勾缝是指用砂浆将相邻两块砌筑块体材料之间的缝隙填塞饱满。在灌浆或勾缝过程中，应尽量避免水分渗入岩石裂隙，防止最后造成病害，与此同时，这样有利于外观改善。

2. 适用的岩石路堑边坡

裂缝较深较大且十分坚硬的岩石路堑边坡是灌浆所适用的施工对象；不容易被风化、裂缝多且细、节理发育、坚硬度为中等值的岩石路堑边坡是勾缝所适用的施工对象。

3. 施工前期准备

对岩体坡面进行灌缝或勾缝时，应先将缝内冲洗干净。灌浆用水泥砂浆的配合比为1∶4或1∶5，裂缝很宽时可用体积比为1∶3∶6或1∶4∶6的混凝土灌注并振捣密实，灌至缝口并抹平。

勾缝时用1∶2或1∶3的水泥砂浆或1∶0.5∶3或1∶2∶9的水泥石灰砂浆。施工后坡面应平整、密实、线形顺适。

（四）护面墙

1. 护面墙主要作用

防护墙能防止和控制严重的边坡变形，适用于易腐蚀的土质边坡和软岩开挖边坡。护面墙可采用现浇混凝土作为护面墙，除此之外，还可以使用片石、块石、混凝土预制构件以砂浆砌筑。

2. 护面墙使用须知

砌筑砂浆强度不应低于M5，寒冷地区不应低于M7.5；混凝土强度不应低于C5。护面墙基础应设置在稳定的地基上，埋深应根据地质条件确定，在冰冻地区应设置在冰冻线以下不小于0.25m处，墙趾应低于边沟铺砌底面。

四、路基石方爆破

（一）爆破原理

开挖石质路堑最有效的方法要属爆破法，即用炸药自身爆炸时候的能量，将岩体破碎或岩块抛移到理想的施工位置。爆破所使用的炸药称为药包，放置在岩体内部或外部，根据药包的形状和集结程度的不同，可将其分为三种类型，即分集药包、集中药包、延长药包。药包爆破岩石的原理：假定药包在无限介质（岩体）内爆炸，炸药在瞬间转化成气体状爆炸产物，体积增加数千倍乃至上万倍，形成高温高压，产生的冲击波以每秒数千米的速度自药包中心按球面等量扩展，传递到周围介质，在介质内产生各种不同程度的破坏和振动作用，这种作用随距药包中心距离的增大而逐渐消失。

药包在有限介质内爆炸后，在临空面的表面会出现一个爆破坑，一部分被炸碎的土石将被抛出坑外，一部分仍回落到坑底，爆破坑形状类似漏斗，故称爆破漏斗。

炸药用量应与爆破的岩石体积相适应，炸药用量不足，将达不到预期的爆破效果；炸药用量过多，除造成经济上的浪费外，还会影响路基边坡的稳定性和施工安全。因此，爆破前应将爆破范围内的地形、地质情况调查清楚，合理选择爆破方法。

（二）常用爆破方法

爆破方法一般分为中小型爆破和大爆破。中小型爆破包括裸露药包法、炮孔法（钢钎炮、深孔炮）、药壶法（葫芦炮）、猫洞炮等。大爆破为洞室炮，炸药用量在100kg以上应根据工程量的大小和集中程度、地形、地质及路基横断面形式等因素确定经济适用、安全可靠的爆破方法。

1. 裸露药包法

这种方法是将药包置于爆破岩石表面，或放入整理好的石缝中，药包表面在被草坪、土或橡胶条网覆盖后爆破。这种方法存在着一定局限，因为炸药的使用率相对来说不是很高，因此这种方法大多数情况下会被用于大块岩石的二次爆破或是用来爆破一块单独的石头。

2. 药壶法（葫芦炮）

药壶法俗称葫芦炮，该方法在钻孔时经一次或多次烘堂后扩大成葫芦形，爆破时先将少量炸药装入炮孔底部，这样炸药将基本集中于炮孔底部的药壶内，使爆破效果大大提高。药壶法炮孔深度常为5～7m，装药量为10～60kg，适于开挖均匀致密的黏土（硬土）、次坚石、坚石。药壶炮每次可炸岩石数十方到百余方，是中小型爆破中最省炸药的方法。一般布置在有较大较多临空面、地面横坡较陡的地段，但不宜靠近设计边坡布设，药室至设计边坡线的水平距离不可小于最小抵抗线。炮孔烘堂后应将药室内的碎渣淘尽。

3. 猫洞法

将集中型药包放置在深度为2～6m、直径为20～50cm的水平或略微倾斜的炮洞底部进行爆破，这便是猫洞法。这种方法的特点是充分利用岩体的崩塌作用，能用较浅的炮洞爆破较高的岩体，适用于硬土、胶结良好的古河床、冰渍层、软石和节理发育的次坚石等，爆破也可以利用硬石的裂缝形成一个孔或装药室。

（二）选用各种爆破方法的原则

爆破方法各有特点，应因地制宜、利用地形地质等客观条件，充分发挥各种爆破方法的优势，尽可能综合使用各种爆破方法，达到爆破方量大、炸药用量少、路基边坡稳定的最佳效果。选用爆破法应按以下原则进行。

1. 全面规划，重点设计

对拟爆破的路基石方应根据工程量大小和集中程度、微地形变化、横断面形式及地质条件所允许的爆破规模等，结合各种爆破方法的特点进行全面规划，合理确定各地段应采用的爆破方法和实施方案。对石方较集中的地段应进行重点设计。

2. 做好爆破顺序设计

前期进行的爆破应在后续爆破中产生条件，增加临空面，提高爆破效果。

3. 综合利用小群炮，进行分段或分批爆破

①路线横切山坡时，可用炮孔炮三面切脚，改造地形后，再在中间用药壶炮进行爆破。

②斜坡地形的半填半挖路基，可采用沿路线纵向布置的一字排炮进行开挖。对于自然地面坡度较缓的地形，可先用炮孔炮切脚，改造地形后再用一字排炮。

③对于路基较宽、阶梯较高的地形，可采用上下互相配合的小炮群。

④对拉槽路堑，从两头开挖时，可采用竖眼揭盖、水平炮扫底的梅花状方式布置炮孔。

⑤爆破后采用机械清方的挖方作业，如遇坚石，采用眼深 2m 以上的炮孔炮组成 20～40 个的多排多层群炮或深孔炮进行爆破，从而使岩石破碎程度满足清方要求。此外，采用微差爆破和间隔爆破也很容易满足机械清方要求。若遇软石或节理发育的次坚石，可采用松动爆破。

五、施工安全

爆破施工安全包括施爆区内参与爆破施工的人员安全和施爆区内的物资安全，还有警戒范围内的其他人员和物资安全。为了避免发生事故，组织爆破施工时应遵守相关标准，并特别注意以下几点。

①应根据实际地形、地质及路基横断面等条件采取合理的爆破方案，正确进行爆破设计并上报有关部门审批。

②所有的爆破作业均应由操作熟练、受过专业培训并取得爆破资格的人员进行。

③严格各种爆破器材的储运和管理，各工序必须严格按操作规程作业。

④严格在爆破区域进行安全警戒和安全检查，及时疏散危险区的人员、牲畜、设备和车辆，对不能疏散的建筑物采取保护和加固措施。

⑤起爆后应由专业人员进行安全检查，确认无拒爆、瞎炮后方可解除警戒。

⑥实施大爆破施工作业时，应由专门设立的机构全面负责组织、指挥、协调和安全等方面的工作。

第四节　路基的排水与防护工程施工

一、路基的排水设施

（一）边沟

挖方路基及填土高度低于路基设计要求临界高度的路堤，在路肩外缘均应设置纵向人工沟渠，其被称为边沟。边沟的主要功能在于排除路基用地范围内的地面水，包括路面、路肩和边坡流水。边沟断面形式主要有梯形、矩形、三角形等。

（二）截水沟

截水沟是设置在挖方路基边坡坡顶以外或山坡路堤上方，用以截引路基上方水流流向的排水设施。设置截水沟有利于减缓地表径流的冲刷和侵蚀，减轻边沟泄水负担。降水量较少、边坡较低、坡面坚硬的地段，可不设截水沟；降水量较多、边坡较高、坡面松软、水土流失严重的地段，应设置截水沟。

（三）排水沟

排水沟用于将路基范围内的各种水流引至桥涵或路基范围外的指定地点。当路线受到多段水道或沟渠影响时，应设置排水沟调节水流，减缓路基的水流冲刷和侵蚀。排水沟一般使用梯形，尺寸经水力水文计算后确定。

（四）跌水与急流槽

跌水用于降低流速和消减水的能量，一般设置在需要排水的高差较大而距离较短或坡度陡峻的地段。急流槽是具有很陡的坡度的水槽，用于距离较短，高差较大的地段。一般在重丘、山岭地区，地形险峻，排水沟渠纵坡较陡，水流湍急，冲刷力强，为减小其流速，降低其能量，防止对路基造成危害，要求跌水与急流槽应稳固耐久，并使用浆砌块石或水泥混凝土预制块砌筑。

（五）盲沟

设在路基边沟下面的暗沟被称为盲沟，其目的是拦截或降低地下水。盲沟造价通常高于明沟，发生淤塞时，疏通困难，甚至需要开挖重建。设置在边沟下的盲沟主要用于降低水位，防止出现翻浆或冻胀。盲沟设置在地面以下，起引排、集中水流的作用。简易的盲沟结构主要由粗粒碎石、细粒碎石及不透水层组成。

（六）渗沟

渗沟是将地下水渗透汇集在沟内，将水排到指定地点的排水设施。渗沟具有截断和引排地下水，提高坡面稳定性的作用。在路基中，浅埋的盲渗沟在 2～3m，深埋时可达 6m 以上。渗沟按结构形式的不同可分为填石渗沟、管式渗沟和洞式渗沟。

（七）渗井

渗井是在地层中开凿立式孔洞，将地面水和上层地下水引向更深的地下层，符合自然渗水规律，是一种立式地下排水设施。渗井一般采用直径 50～60cm 的圆形，井内填充料应使用筛洗过的不同粒径的材料，并按单一粒径分层填筑，不得粗细材料混杂填塞。井壁和填充料之间应设反滤层。

（八）检查井

为检查维修渗沟，每隔 30～50m 或在平面转折和土坡坡度由陡变缓处宜设置检查井。检查井一般采用圆形，内径不小于 1.0m。检查井的井底应铺设一层强度达到 5MPa，厚度为 0.1～0.2m 的混凝土。深度大于 20m 的检查井，蹬出梯要牢固。井口顶部应高出附近地面 0.3～0.5m，并设井盖，井框、井盖，进口周围无积水。

二、路基排水设施施工

（一）边沟施工

1. 放样路基边桩

当路基土方完成并达到设计标高后即可整修边沟，并放出路基边坡边桩。直线路段的路基边桩应每隔 10～20m 设一桩，曲线段应每隔 5～10m 设一桩，同时要保证路基边坡线平滑顺直。

2. 放样边沟边线

由于边沟施工时路基已成型，因此可根据路基边缘线桩，先定位沟底左边线，通常做法是按路基中桩对应桩号，定位边沟内底边和中线，再按边沟底宽放出沟底外边缘线，最后放样整个沟形尺寸。

3. 挂线并且刷坡

定出边沟控制样桩后用白灰标出控制线，然后开始刷坡。采用机械刷坡时，应预留 20cm 由人工清除，以保证边坡的密实度；采用人工刷坡时，应用坡度尺测量边坡坡度，以保证内边坡的外观线形。

4. 开挖沟槽夯实

在坡顶及坡脚处，应根据设计要求开挖沟槽同时进行夯实。在边坡完工后，按照设计图纸和施工规范要求进行施工，如先铺设土工布，再用混凝土加固边沟时，土工布要尽量与坡面贴敷紧密，防止悬空，保持平整。

5. 边沟底面操平

施工时，每 10～20m 要沿着边沟沟底钉以竹钉或钢筋桩，分别测定桩顶和桩底的标高。计算各桩位的理论标高，并挂线整修夯实边沟底面。

6. 边沟挂线整修

当边沟的尺寸和底坡都符合要求后，进一步整修。如需要加固时，检查是否预留加固尺寸。加固前，沟底和内外边坡是否要进一步夯实。断面尺寸与沟底纵坡都应符合设计要求。

7. 加固边沟断面

①土质路基地段，当边沟纵坡大于 3% 或经过急弯陡坡地段，土质路基边沟冲刷严重时，一般采用混凝土或浆砌片石加固。边沟经过土质和地质不良地段时，宜采用浆砌石或混凝土等加固。

②用干砌片石加固时，应选用有平整面的片石，各砌筑缝隙要用小石块嵌紧。浆砌时应注意石料的错缝咬码，石料衔接处不留空洞，砌筑砂浆要饱满。

为防止不均匀沉降，每隔一定距离要设置沉降缝，缝内用嵌缝材料填实，确保沟身不漏水。

8. 出口处理方法

①边沟和填方衔接出口处理。边沟与填方的衔接出口应设置跌水或急流槽，将水直接引到边坡外。

②边沟与涵洞衔接出口处理。当使用涵洞将沟水引出路基范围以外时，在进口前应设置跌水或急流槽，将水流引入涵洞。

③边沟与沟渠衔接处理。水引出路基时，应防止水流冲刷路基边坡，可用浆砌石或混凝土加固，引水渠到自然沟渠。加固边沟和自然沟渠衔接处，在引水沟渠出口处设置深度不低于1m的截水墙。

（二）截水沟施工

1. 平面定位放样

平面定位放样是按照截水沟的设计位置和尺寸放样截水沟。首先放样截水沟轴线，再放样整个沟形尺寸。

2. 开挖截水沟

截水沟可根据坡面土质情况，采用合适的开挖方式。当采用爆破施工时，要注意不能危及路基安全。

3. 纵面底面操平

截水沟开挖到一定深度时，用水准仪沿截水沟底面打桩，进行操平挂线，以确定出沟底纵坡。

4. 开挖土方处理

截水沟开挖出的土石方，要在路堑坡顶与截水沟之间的下坡一侧堆置，并整理成一定的尺寸和形状，除此之外还需要对弃土堆进行夯实。弃土堆坡脚离开挖方路基坡脚不应小于10m，台顶筑成2%倾向截水沟的横坡。

5. 防渗漏加固

截水沟应进行防渗漏加固，以避免水流冲刷和下渗。透水性大、土质松软及裂缝较多的路段，尤其要注意采用加固措施。

（三）排水沟施工

1. 布置要求

①线形要求：直线处应做成直线形，转弯处应采用弧线形。

②排水沟位置：排水沟的具体位置与地形有关，排水沟沿线路布设时，应

设置在距离路基较远的位置。

③排水沟长度：排水沟长度根据实际需要而定，通常不小于500m。

2. 施工要点

①平面定位放样：按照排水沟的设计位置和尺寸放样排水沟，首先放样排水沟轴线，再放样整个沟形尺寸。

②开挖排水沟：可根据坡面土质情况，采用合适的开挖方式；当采用爆破施工时，应注意控制超控与欠挖，且不要危及路基安全。

③纵面底面操平：排水沟开挖到一定深度时，用水准仪沿排水沟底面打桩，进行操平挂线。

④排水沟间衔接：由于排水沟的主要功能是排除各种沟渠的水流，因此为了使得排水顺畅，其应与当地的水系规划协调，特别是平原微丘区的排水沟，沟渠走向和沟底纵坡要合理布置。与此同时，流量选择和核算要满足排水需要，衔接处要做铺砌并做截水墙，同时做好防漏处理。

⑤排水沟加固：如用干砌片石加固时，应选用有平整面的片石，各砌筑缝隙要用小石块嵌紧；砌筑时，注意石料的错缝咬码，石料斜接处不留空洞，砌筑砂浆要饱满，沟身不得漏水。

三、路基的防护类型

（一）坡面防护

坡面防护一般用于保护路基边坡表面，使其免受雨水冲刷，减缓温差及温度变化的影响，防止和延缓软弱岩土表面的风化、碎裂和剥蚀演变进程。坡面防护不仅能维持坡面的整体稳定，还能协调和美化环境。常见的坡面防护类型包括植物防护、浆（干）砌片石及混凝土预制块、坡面处置及综合防护等。

（二）冲刷防护

冲刷防护可分为直接防护与间接防护，用于防护水流对路基的冲刷。直接防护主要包括砌石防护和植物防护；间接防护主要包括设置防洪堤、拦水坝、改变河道、疏浚河床等。

（三）支挡建筑物

支挡建筑物主要用于维持路基的稳定性，防止路基位移或变形。常见的支挡建筑物主要包括石垛、土垛和挡土墙等。

四、路基防护工程施工

（一）植物防护

1. 植物防护

①植被种植后，应及时进行养护管理，直至植被成活。
②保持草籽撒布均匀，并做好保护措施。
③应在恰当的季节栽植植物。
④禁止使用含有阻碍草木生长成分的养护用水，如盐、碱、酸、油等。

2. 三维植被网防护

①整修坡面：路基土方施工完毕后应定出路基边坡边桩和坡脚桩，要保证边坡线顺直平滑，再用白灰标出控制线。放出边桩和坡脚桩后，开始刷坡。采用挖掘机刷坡时，要预留20cm宽由人工清除，保证边坡的密实度；采用人工刷坡时，要用坡度尺检查边坡坡度，保证边坡外形。

②开挖沟槽：根据设计要求，要在坡顶或坡脚开挖沟槽，每次开挖的沟槽不应过长，防止风沙、雨水等破坏路基边坡。

③覆盖网片：在边坡完工后，要按照设计图纸和施工规范要求，及时进行人工铺设 EM3 型三维植被网；覆盖网时，先将网置于边坡沟槽内，然后从坡顶到坡脚依次进行铺设。

④固定网片：网片覆盖后，应使用钢钉或竹钉进行固定，并将三维网预埋在沟槽中，填土夯实。

⑤覆盖黏土：在三维网固定后，在网上覆盖黏土并用木条刮入一层细土，使 pH 值适中的薄土进入网包。

⑥撒播草籽：撒播草籽要在无风且气温在15℃以上的天气进行，避免在干燥的风季节和暴雨季节播种。

⑦再次覆土：整草籽播撒后，应在三维网上覆盖一层薄层土，并使土均匀盖住草籽。

⑧表面覆盖：为了让草籽尽快发芽，必须保证土壤湿润，使之具有适宜草籽生长的温度；为此，边坡面上应采用纤维布或稻草、秸秆等进行覆盖。

⑨浇水养护：草籽种植后，应及时浇水、施肥，直至草籽成活，并覆盖坡面为止；为防止草籽分布不均匀而影响覆盖率和坡面美观，浇水时最好采用雾状喷施，防止形成径流；在养护期内，应有效地养护所有种植面上的植物，直到养护期结束。

(二)工程防护

1. 封面防护

①不宜在寒冷冬季和雨天进行封面防护。

②封面防护前,应将岩体表面清洗干净。

③封面厚度应符合设计要求,分两层进行封面防护施工,其中面层厚度应占全厚的1/3,底层厚度应占全厚的2/3。

④大面积封面防护中应每隔5～10m设置一伸缩缝。

⑤封面初凝后宜立即进行养护。

⑥应根据设计要求做好排水与封顶措施。

2. 捶面防护

①清理坡面:捶面前应清理坡面上的松土和浮石,填补裂缝和坑凹,在土质坡面上,为使防护更为牢固,可挖锯齿或小台阶。

②洒水湿润:坡面要先洒石灰水湿润,捶面夯拍打时用力要均匀,提浆要及时,提浆后2～3h进行洒水,然后养护3～5天。

③捶面维护:使用中要经常检查,发现开裂和脱落时要及时修补。

3. 喷浆防护

①修整坡面:先刷坡清理,使边坡尽量平整,无浮石面。

②设置锚钉:锚钉用直径12～14cm、长30～50cm的钢筋制作,用凿岩石机械打眼插入或利用天然裂隙打入,再用水泥砂浆锚固,孔距为1～1.5cm,成梅花形布置,锚钉外露3～5cm,用于挂土工格栅。

③喷洒底浆:其目的是使原来凸凹不平的坡面尽量喷平,底层水泥砂浆的水泥用量较面层少些,水灰比为0.5左右,砂浆呈黏状为宜,并应添加速凝剂。

④固定格栅:待底浆达到一定的强度后,即可挂上土工格栅网。挂网自上而下,依此将土工格栅固定在锚钉上,使之尽量贴紧坡面,土工格栅下端,应用重物拉伸后固定,防止格栅外鼓。

⑤喷面层浆:面层浆或混凝土的强度要求比底层高,操作也是按自上而下的顺序进行,一般要喷2～3次,直到格栅完全覆盖,并再加喷2～3cm的保护层,初凝后即洒水养生。

(三)挡土墙防护

1. 重力式挡土墙

①施工时应将基底表面风化、松软土石清除。

②硬质岩石基坑中的基础,宜满坑砌筑。

③雨季在软质岩石或土质基坑中砌筑基础时，应及时封闭坑底，并设置排水措施。

④采用台阶式基础时，台阶应与墙体连在一起同时砌筑，台阶壁与砌体之间的缝隙砂浆应饱满。

⑤基坑应随砌筑分层回填，并在表面留3%的向外斜坡。

2. 悬臂式挡土墙

①施工时应根据设计要求开挖凸榫，并与墙底板一起灌注混凝土。

②宜一次完成整体混凝土浇筑，墙的面板、地板及钢筋宜一次绑扎，分段浇筑时，应预设好钢筋，连接处应严格凿毛。

③当混凝土灌注后，墙体强度达到设计要求的75%即可进行墙背填土，根据设计要求分层填筑、压实。

3. 锚定板挡土墙

①应在拉杆使用前进行取样实验，埋在土中的拉杆应进行防锈处理。

②应保持肋柱在吊装时不前倾。

③埋设锚定板和拉杆，应先填土后挖槽就位。挖槽时，锚定板的挖槽位置应高于设计位置30～50mm。锚定板前方超挖部分宜用C10水泥混凝土或灰土回填夯实，严禁直接碾压拉杆和锚定板。

④锚定板和肋柱上的锚头和螺丝杆应进行防水和防锈处理。

⑤应按照设计要求封闭分级平台，并设置2%的外倾排水坡。

第五章　路基施工质量控制

路基施工质量控制是保证项目质量的重要手段和重要方法之一，其目的是使工程达到规定的质量标准保证施工质量的稳定性。路基的施工质量控制包括路基施工的质量控制与验收、路基工程的试验检测和路基施工的质量通病与防治，本章将从这几方面介绍路基施工质量控制的有关知识，力求为路基施工质量控制工作提供有益的指导。

第一节　路基施工的质量控制与验收

一、路基分项工程中间检查

（一）土方路基的检查内容

1. 土质路堤的检查内容

（1）压实标准。

通常情况下，土质路堤使用压实度来检测路基的压实程度。压实度也称压实系数是指施工工地的干密度和室内标准试验下得到的最大干密度的比值。检测路基的压实程度首先需要明确压实标准，压实标准一般要通过室内标准击实试验确定最大干密度和最佳含水率。

击实是指土瞬间被多次施加机械功，使土更加紧密的过程。研究土的压实性能的室内试验一般选择击实试验作为基本方法。在具体的填方工程中，击实试验有两种作用，一是击实试验能够判断土在击实作用下的击实性是否良好及可能达到的最佳密实度范围与相应的含水率，从而帮助施工人员确定填筑含水率和填筑密度；二是击实试验能够在制作试样和研究施工现场填土的力学特性时帮助施工人员确定科学合理的密度和含水率。

（2）施工含水率。

压实效果在很大程度上会受到土中含水率的影响。

当土中含水率高时，土粒之间的引力更大，同时土粒之间可能有毛细管压力，这些力使土的状态疏松或使其保持凝聚结构，土中的孔隙相互连接，并且土中含有大量的空气。在这种情况下，土受到压实作用，空气从孔隙中排出，使土的密度增大。但是水膜的润滑作用不明显，压实作用也不能抵消土粒之间的引力，土粒的位置不容易移动，因此压实效果较差。土中的含水率越高，水膜越厚，土粒之间的引力越小，在水膜的润滑作用下，外部的压实作用越容易使土粒的位置发生移动，压实效果就越好。土中的含水率过高时，土粒之间的孔隙有自由的水，这些自由的水能够抵消一部分压实效果，从而使压实效果降低。

（3）最大干密度。

填方路堤的最大干密度和最佳含水率要在取土的地方提取土样，然后通过实验室的重型击实试验获得。试验要验证填土的最大干密度的可靠性要满足两项要求，一是要保证用于做实验的土样的可靠性；二是要确保击实试验的可靠性。通常情况下，击实试验的可靠性能够保证，但如果填土的最大干密度有问题则是土样有问题。这是由于取土的地方的土质不均匀，提取土样的地点不同会导致击实的结果不同。当土层发生变化时，即使在相同的地点提取土样，标准击实结果会由于提取土样的深度不同而不同。

因此，要有专业的监理人员监督标准击实试验的土样提取，提取土样时要提取不同深度的土样，做好记录后送到实验室以备试验。专业的监理人员也要监督试验过程，以确保击实试验的公正性和可靠性。施工单位的实验人员在提取土样时要提取有代表性和广泛性的土样。

（4）施工质量控制。

土质路堤的填土要符合施工质量要求，取土的场地要保证没有杂草，在实验后才能取土。取土场要具备防水和排水系统，土质路堤的填土不能选择淋雨的土和冰冻的土。

在进行施工质量控制时，填土松铺厚度要根据实验路段的资料确定。

施工过程中应经常检测填土的含水率，宜控制在最佳含水率2个百分点内。当填土的含水率越接近最佳含水率时，其压实度越高，碾压达到要求的可能性越大。土的含水率在最佳含水率的±2%的范围内时压实效果最好。通常情况下，取土场土的含水率，基本接近于最佳含水率。因此，在上土后需要马上摊铺并碾压，否则土的含水率会降低，从而给施工造成影响。

施工时要根据施工路段的施工工艺施工，严格把控施工路段的碾压遍数。如果在碾压过程中有碾压不实的现象，工作人员要马上通知施工技术负责人及时处理。在雨季施工时，如果出现弹簧现象，需要彻底清除含水率大的土，或者是将其翻开晾干，使其含水率接近最佳含水率能够压实时再进行碾压。

压实度的检查要以密实度的检测频率或加密作为根据，还要检查压实度是否符合填土所在地的压实标准。如果自我检查符合要求，则需报监理工程师验收，自我检查也可以和监理工程师抽检同时进行，以保证施工进度。但通常情况下不能采取这种方法，如果情况特殊，在与监理工程师提前约定的情况下才可以采取这种方法。在监理工程师签字确认后该层的填土完成，可继续下一层的填土工作。

为确保填土层的施工质量，土质路堤在雨季施工时要预留路堤横坡度，安装好排水设施，避免出现雨水冲刷和浸泡压实的土层问题。此外，在冬季不得对土方路施工。

压实机械的选择要以填土性质作为依据。

施工时要合理安排工期，不能追赶工程进度，要保证高填土路堤有充足的预压时间。

防护工程的施工要与填土路堤的施工同步进行，尤其是高填土路堤，高填土路堤的施工时间长，在施工的同时修建防护工程能够有效避免雨季施工高边坡被冲毁的问题。

2. 土质路堑的检查内容

①弃方的处理在要指定地点进行，不得随意堆放弃方破坏环境，不得影响农田、水利和河道的正常使用。

②刷坡时要将设计坡度作为依据，如果在施工过程中出现挖方土质变化问题、设计坡度不能满足边坡稳定时，施工单位要以书面的形式提出修改意见。

为避免雨水冲刷已经修建的边坡，在开挖路基的同时要开挖截水沟，做好排水工作。如果边坡上有地下水要在上报批准后采取措施进行排水和防水，在未批准前要做好临时排水工作，避免路基被地下水浸泡，边坡上有地下水的施工项目要减缓施工进度。

③边坡防护工程的施工要根据施工季节的不同进行适当调整，避免雨水冲刷已施工的边坡。

④挖土方路基施工接近设计高程时，要根据实际情况确定是否要预留开挖高度。如果不需要预留开挖高度，则需要在边沟和路拱施工完成后开始碾压，使压实度达到设计要求。如果路基表面及以下30cm的土质强度不符合要求时，

施工单位要上报补强或换填措施。如果需要将施工完成的路基作为施工便道使用则要将其表面硬化，同时要保证高程误差符合验收标准。

⑤如果填方用土使用挖方路基的土时，为保证填土的含水率需要把控开挖速度。如果挖方地段的土质指标不统一，则需要采取分开开挖的方式确保填方的施工质量。

⑥如果挖方地段的土质不够疏松，需要放炮将其震松时要选择远离边坡的位置，以确保边坡的稳定程度。

（二）石方路基的检查内容

填石路堤施工的组织管理工作和土方路堤的组织管理工作是一致的，其施工过程的质量控制也与土方路堤相似，以下是其主要内容。

①填筑的石块的粒径要小于等于 25cm。
②分层填石的厚度通常不高于 50cm。
③填石路堤在施工时要使用功率大的振动压路机。
④填石路堤的压实标准是没有明显的轮胎痕迹。在实际的施工过程中可以使用重型三轮压路机静压，在轮胎痕迹小于 3mm 时即表明其已经达到了压实标准，然后对其进行振压不会影响高程。

1. 填石层厚控制

填石路堤的铺筑和压实应当分层进行，并且要对每层的压实质量填写施工记录。压实会受到填石层厚度影响，施工时要严格把控填石层厚度。在实际的施工过程中，可采用每层测高程立标杆的方法，标明填石松铺厚度，按标杆的标志上料摊铺。

现阶段，我国没有制定统一的公路填石路堤压实质量标准。水利工程中的堆石坝工程与公路填石路堤相似，其在建设过程中积累了大量的经验，表 5-1 是堆石坝工程的碾压参数。由表中可知，主堆石区的坚硬岩石碾压厚度通常要达到 0.8～1.0m，最大厚度可达到 1.5m，主堆石区的软质岩石的碾压厚度则为 0.4～0.8cm。国内的一些科研单位通过试验测试了不同强度的填石料，得出的结论是如果压实机具和摊铺机具能够满足要求，填石路堤在施工时可根据具体的石料强度和填筑部位选择较厚的层厚。

表 5-1 若干堆石坝碾压堆石的填筑压实实例

工程名称	坝高(m)	堆石性质	层厚(m)	碾重(t)	碾压遍数	填筑平均干容重(kN/m³)	填筑平均孔隙率(%)	备注
佛土度爱利	160	坚硬玄武岩	0.80	10	4	21.2	24.8	主堆石区
西北口	95	白云质灰岩	0.80	10～13	8	21.5	23	主堆石区
碧口	110	含少量千枚岩的凝灰岩	1.0	13.5	6	21.0	—	主堆石区
拉格都	40	花岗岩，最大粒径100cm	1.30	13.5	8～10	20.2	25	主堆石区
关门山	58.5	花岗岩，最大粒径60cm	0.80	12.0	6～8	19.6	25	主堆石区
腊马	—	灰岩	1.50	10.5	8～10	21.0	24.0	主堆石区
科特梅利	97	紫苏花岗石	1.0	15.0	4	22.8	24	主堆石区
白云	120	白云质石灰岩	0.80	17.0	4	21.0	24.6	主堆石区
莲花	97	混合花岗岩	0.80	13.5	6	21.0	25	主堆石区
阿尔多安其卡亚	140	角页岩	0.60	10.0	4	22.8	22.5	主堆石区
萨尔瓦兴娜	148	软弱砂岩，粉砂岩	0.60	13.5	4	22.6	17.0	下游堆石区
温尼克	85	粉砂岩，最大粒径400mm	0.5～1.6	10.0	6	19.6	24.6	—

续表

工程名称	坝高(m)	堆石性质	碾压参数 层厚(m)	碾压参数 碾重(t)	碾压参数 碾压遍数	填筑平均干容重(kN/m³)	填筑平均孔隙率(%)	备注
里恩拜恩	90	泥岩，最大粒径200～600mm	0.80	13.5	4	22.1	18.2	—
株树桥	78	风化板岩	0.80	10.0	6	—	—	下游坝体加水碾压
天生桥一级	178	含泥岩料	0.80	10.0	8	—	—	下游干燥区

2. 填石质量检测

由表 5-1 可知，由于岩石种类和岩石级配不同，虽然平均压实干密度波动大但是孔隙率指标具有一定规律。主堆石区平均填筑干压强大致为 20～23kN/m²，其孔隙率大致在 24%（18%～28%）。主堆石区控制标准为坚硬石料压实孔隙率的 23%～28%，易风化石料的压实孔隙率为 19%～24%；一般情况下，多使用孔隙率把控填石料的质量。这种方法在不测试填料最大干密度的情况下也能较好把控填石料的压实质量。

在碾压堆石坝中，常常将压实孔隙率定为 20%～28%，并规定与之对应的碾压参数。根据表 5-1 中的压实孔隙率和与之对应的参数进行施工，可以满足高土石坝的稳定要求。

堆石坝高度远远高于填石路堤填方高度，但填石路堤和堆石坝非常相似，填石路堤可以将孔隙率作为质量控制指标。近几年，国内一些高速公路在修建填石路堤时，使用了花岗岩、石灰岩、红砂岩等填石料用孔隙率作为质量控制指标的压实质量标准、相应施工工艺及质量控制方法，通车运行几年来，路基路面基本稳定。

在以上研究成果和施工经验的基础上，质量控制指标一般将孔隙率或固体体积率作为压实质量标准。

已经有实验得出结论，现阶段只使用一种检测压实质量的方法控制填石路堤质量的效果并不好，压实质量在很大程度上会受到填石路堤施工参数的影响，因此施工时必须要监控填石路堤的质量。采用双控方法能够较好地控制填石路堤的质量，双控方法是指同时使用施工质量控制和压实质量检测控制的方法，使用压实沉降差或孔隙率标准可以检测填石路堤压实质量，使用大坑和水袋法可以检测填料压实干密度或孔隙率。

采用压实沉降差也可对填石路堤进行检测。压实沉降差与碾压遍数及填石料的压实干密度有很好的相关关系（据福建和广东试验工程统计，相关系数在95%以上），如果保证压实机具相同，压实遍数的实际控制则会取得良好效果。为更好地控制填石路堤的压实质量，一般同时控制压实沉降差和施工工艺参数。

国内的实验工程总结了大量关于压实沉降差的控制经验，通常情况下，压实沉降差为采用施工碾压时的重型振动压路机（建议14t以上）按规定碾压参数（强振，4km/h以下速度）碾压两遍后各测点的高程差。压实沉降差平均值应不大于5mm，标准差不大于3mm。

在摊铺料质量确定的前提下借助测定沉降量可以得到密度变化。

填筑层厚和压实控制标准的确定要根据石料强度确定。填石路堤的压实质量标准的控制指标一般将孔隙率或固体体积率作为依据，孔隙率控制应符合表5-2～表5-4要求。

表5-2 硬质石料压实质量控制标准

分区	路面底面以下深度（m）	摊铺层厚（m）	最大粒径（mm）	压实干密度（kN/m³）	孔隙率（%）
上路堤	0.80～1.50	≤400	小于层厚2/3	由实验确定	≤23
下路堤	＞1.50	≤600	小于层厚2/3	由实验确定	≤25

表5-3 中硬石料压实质量控制标准

分区	路面底面以下深度（m）	摊铺层厚（m）	最大粒径（mm）	压实干密度（kN/m³）	孔隙率（%）
上路堤	0.80～1.50	≤400	小于层厚2/3	由实验确定	≤22
下路堤	＞1.50	≤500	小于层厚2/3	由实验确定	≤24

表5-4 软质石料压实质量控制标准

分区	路面底面以下深度（m）	摊铺层厚（m）	最大粒径（mm）	压实干密度（kN/m³）	孔隙率（%）
上路堤	0.80～1.50	≤300	小于层厚2/3	由实验确定	≤20
下路堤	＞1.50	≤400	小于层厚2/3	由实验确定	≤22

二、路基分项工程验收的质量评定

（一）土方路基的质量评定标准

1. 实测项目

路基分项工程验收的实测项目质量评定标准见表5-5。

表5-5 土方路基实测项目质量评定标准

项次	检查项目	规定值或允许偏差		检查方法		检查方法	权值
		高速公路、一级公路		其他公路			
				二级公路	三、四级公路		
1	压实度（%）	零填及挖方（m）	0～0.30	—	—	94	密度法	3
			0～0.80	≥98	≥95	—		
		填方（m）	0～0.80	≥98	≥95	≥94		
			0.80～1.50	≥98	≥94	≥93		
			>1.50	≥96	≥92	≥90		
2	弯沉（0.01mm）	不大于设计要求值				—	3
3	纵断高程（mm）	±10, -15		±10, -20		水准仪	2
4	中线偏位（mm）	50		100		经纬仪	2
5	宽度（mm）	不小于设计				米尺	2
6	平整度（mm）	15		20		3m直尺	2
7	横坡（%）	±0.3		±0.5		水准仪	1
8	边坡	不陡于设计值				尺量	1

2. 外观鉴定

①路基表面平整，边线直顺，曲线圆滑。

②路基边坡坡面平顺、稳定，不得亏坡，曲线圆滑。

③取土坑、弃土堆、护坡道飞碎落台的位置适当，外形整齐、美观，防止水土流失。

（二）石方路基的质量评定标准

1. 实测项目

石方路基的实测项目质量评定标准见表5-6。

表 5-6 石方路基的实测项目质量评定标准

项次	检查项目	规定值或允许偏差 高速公路、一级公路	规定值或允许偏差 其他公路	检查方法	权值
1	压实	层厚和碾压遍数符合要求		查施工记录	3
2	纵断高程（mm）	±10，-20	±10，-30	水准仪	2
3	中线偏位（mm）	50	100	经纬仪	2
4	宽度（mm）	不小于设计		米尺	2
5	平整度（mm）	10	20	3m 直尺	2
6	横坡（%）	±0.3	±0.5	水准仪	1
7	边坡	坡度 不陡于设计值		—	1
		平顺度 符合设计要求			

2. 外观鉴定

①上边坡不得有松石。

②路基边线直顺，曲线圆滑。

第二节 路基工程的试验检测

一、简易试验方法

现场的简易试验，一般只适用于颗粒粒径小于 0.5mm 的土样，其方法如下。

（一）判断土的可塑状态

将土样调到可塑状态，根据能搓成土条的最小直径来确定土类。

①搓成直径大于 2.5mm 的土条而不断则为低液限土。

②搓成直径为 1～2.5mm 的土条而不断则为中液限土。

③搓成直径小于 1.0mm 的土条而不断则为高液限土。

（二）干强度

对于风干的土块，根据手指捏碎或掰断时用力大小，可区分为以下几种。

①手指很难捏碎，抗剪强度大的土块的干强度高。

②手指稍微用力能够捏碎的土块的干强度为中等。

③手指能够轻易捏碎或能够将其搓成粉粒的土块的干强度低。

（三）湿土揉捏感觉

将湿土用手揉捏，可感觉颗粒的粗细。

①低液限的土有砂粒感，带粉性的土有面粉感，黏附性弱。

②中液限的土微感砂粒，有塑性和黏附性。

③高液限的土无砂粒感，塑性和黏附性大。

（四）韧性试验

将土调到可塑状态，搓成 3mm 左右的土条，再揉成团，重复搓条。根据能否将其再次搓成条可以将其分为以下几种。

①能再次搓成条并且用手指不能将其捏碎的则韧性高。

②能再次搓成团，手指稍微用力即可捏碎的则为中等韧性。

③不能再次将其揉成团，手指稍微用力即可捏碎或者不捏即碎的则为韧性低。

（五）摇震试验

摇震试验是指将软塑至流动的小块揉成小球放在手中多次摇晃，同时用另一只手掌击震摇晃的手掌，土中的自由水会从土球的表面渗出，使土球的表面呈现出光泽，但如果用手指捏土球，其表面渗出的自由水会消失。

将土球中的自由水渗出和消失的速度作为判断依据可以将其分为以下几种。

①土球中的自由水渗出和消失速度快则为反应快。

②土球中的自由水渗出和消失速度中等则为反应中等。

③土球中没有自由水渗出则为无反应。

二、野外对土的基本描述和鉴别

如果在野外仅凭肉眼鉴别土，工作人员需要根据土的类型对其相关内容进行描述。

碎石类土需要描述的内容为名称、颜色、颗粒成分、粒径组成，颗粒风化程度、磨圆度，充填物成分、性质及含量、密实程度、潮湿程度等。

砂类土需要描述的内容为名称、颜色、结构及构造、颗粒成分、粒径组成、颗粒形状、密实程度、潮湿程度等。

黏性土需要描述的内容为名称、颜色，结构及构造、夹杂物性质及含量、密实程度、潮湿程度等。

三、土基回弹模量试验检测

在公路设计中,必须要确定土基的回弹模量。针对不同地区和不同的土质,我国已经明确了回弹模量的推荐值。如果土基的回弹模量发生改变,路面设计的厚度将会受到影响。因此,在施工过程中可直接测量土基的回弹模量,并且根据施工质量不断提高。同时,控制施工质量的内容包括检验回弹模量。

通常情况下,回弹模量的测量方法有承载板法、贝克曼梁法和其他间接方法,以下主要介绍承载板法。

(一)测量目的

承载板法是在施工现场的土基表面,使用承载板对土基进行加载和卸载的方法测量与各个荷载向对应的土基回弹变形值,再计算土基回弹模量的方法。

使用这种方法确定的土基回弹模量能够用于路面设计参数。

(二)试验器具

①加载设施包括重物、后轴重大于等于60kN的汽车和附设加劲梁。
②现场测试装置包括千斤顶、测力计和球座。
③厚20mm的刚性承载板。
④路面弯沉仪。
⑤80～100kN的液压千斤顶。
⑥水平尺。
⑦秒表。

(三)试验前准备工作

①根据测试的实际需要确定测点。
②确保土基表面的平整性,在土基的凹陷处使用细砂将其填平。
③安装承载板,使用水平尺对其进行校正。
④将试验车置于测点上,将垂球挂在加劲梁的中部,使垂球在承载板的正上方,然后将垂球收起。
⑤将千斤顶放置在承载板上。
⑥放置弯沉仪,将弯沉仪的测头放在承载板立柱的支座上,将百分表调零。

（四）试验步骤

1. 预载

使用千斤顶开始加载，使用测力计对其进行测量直到预压为 0.05MPa，稳压 1min，使承载板接触土基，并检查百分表是否在正常工作，然后放松千斤顶油门卸载，稳压 1min 后，将指针对零或记录初始读数。

2. 测定土基的压力

使用逐级加载卸载法，当荷载低于 0.1MPa 时，逐级增加 0.02MPa，当荷载高于 0.1MPa 时，逐级增加 0.04MPa。

当加载到预定荷载后需要稳定 1min，然后马上对弯沉仪百分表进行读表并记录，然后慢慢放开千斤顶油门卸载至 0，在卸载稳定 1min 后再次对弯沉仪进行读表，每次卸载后百分表不再归零。

如果两台弯沉仪百分表读数平均值的 30% 大于其差值则取平均值；如果两台弯沉仪百分表的读数的平均值的 30% 小于其差值则重新测定。回弹变形值大于 1mm 时则可以停止加载。

3. 各级荷载的回弹变形和总变形的方法计算

回弹变形 L= 弯沉仪杠杆比 ×（加载后读数平均值－卸载后读数平均值）。

总变形 L' = 弯沉仪杠杆比 ×（加载后读数平均值－加载初始前读数平均值）。

4. 测定汽车总影响量

在最后一次加载、卸载循环结束后可以取走千斤顶，对百分表进行重新读数后将汽车开到 10m 外的位置，读取终读数，两只百分表的初、终读数差的平均值即为总影响量 a。

四、压实度的试验检测

路基路面压实质量是道路工程施工质量管理最重要的内在指标之一。通常情况下，工程中使用压实度表示现场压实质量。压实度在路基路面施工质量监测中十分重要。在表征现场压实后的密实状况中，压实度越高密实度越大，材料的整体性越好。因此，在路基的施工过程中，碾压工艺对施工质量控制来说十分重要。

压实度的测定主要包括室内标准密度（最大干密度）确定和现场密度试验。

（一）室内标准密度（最大干密度）确定

通过室内试验测量的标准密度是评定压实度的基础，对压实度的评定结果的可靠程度有直接决定作用。因此，通过室内试验评定标准密度时要保证试验原理的科学性，要重视试验数据，同时还要注意操作的简便性，室内试验条件要尽量接近实际压实条件。目前的路基施工中大量使用振动压路机，为接近这种压实条件，室内试验测量标准密度时多使用振动击实、大型马歇尔击。

不同类型的筑路材料，通过室内试验测量标准密度时会选择不同的实验方法。

1. 路基土标准密度（最大干密度）确定试验方法

路基土标准密度的试验方法主要有击实法、振动台法和表面振动压实仪法。

在我国，路基土标准密度的测量主要使用击实试验。击实试验一般分为轻型击实试验和重型击实试验。这两种试验的实验原理和试验的基本规律有一定的相似性，但重型击实试验的击实功比轻型击实试验高4.5倍。振动台法与表面振动压实仪法均是采用振动方法测定土的最大干密度。各试验方法的仪器设备、试验步骤等详见《公路土工试验规程》（JTG E40—2007）。

2. 路面基层材料标准密度（最大干密度）确定试验方法

路面基层材料分为半刚性基层和柔性基层。其中，柔性基层主要是粒料类基层和稳定类基层。粒料类基层主要是指级配碎石，沥青稳定类基层主要是沥青稳定碎石。

（1）以级配碎石为代表的粒料类基层材料。

测量粒料类基层的标准密度的试验多采用振动法和重型击实法，根据《公路土工试验规程》（JTG E40—2007）进行试验，筛除大于37.5mm的颗粒，然后使用公式计算标准密度。在使用振动法测量粒料类基层的标准密度时可以将粗粒土和巨粒土的振动法作为参照，使用振动台法或表面振动压实法测量标准密度。现阶段国内外多使用重型击实试验测量标准密度。

（2）半刚性基层材料。

半刚性基层材料一般将《公路工程无机结合料稳定材料试验规程》（JTG E51—2009）标准击实法作为依据测量标准密度。如果粒料含量达到50%以上，特别是采用骨架密实结构时，由于击实筒空间的限制，现行方法就不能得出真正的最大干密度。为与施工方法相一致，理论计算法、振动击实法等更为科学的最大干密度确定方法被研究应用。理论计算方法是在半刚性基层材料体积组成的基础上，使用结合料和粒料级配组成与密度测量混合料的标准密度。无机结合料稳定粒料类材料标准密度确定多使用这种方法。

（3）沥青混合料标准密度确定方法。

确定沥青混合料标准密度一般以沥青拌和厂取样试验的马歇尔密度或者试

验段密度作为标准。一般情况下，马歇尔密度的标准密度比试验段密度高。但使用这两种方法时都需要确定试件密度。在进行密度试验时可以针对混合料的自身特点使用以下方法。

①水中重法。密实的Ⅰ型沥青混凝土试件适合使用这种方法，吸水性大的集料的沥青混合料试件不适合使用这种方法。

②表干法。表面比较粗糙但比较密实的Ⅰ型或Ⅱ型沥青混凝土试件适合使用这种方法，吸水率高于2%的沥青混合料试件不适合使用这种方法。

③体积法。孔隙率较大的沥青碎石混合料及大空隙透水性开级配沥青混合料试件适合使用这种方法。

④蜡封法。吸水率高于2%的Ⅰ型或Ⅱ型沥青混凝土试件及沥青碎石混合料试件适合使用这种方法。

（二）现场密度确定

现场密度确定主要使用环刀法。传统现场密度的测量方法多使用环刀法。国内环刀法使用的多是容积为200cm^2，高度为5cm的环刀。

环刀法只能测量环刀内土样所在深度范围内的平均密度，不能测量碾压层的平均密度。碾压土层的密度一般自上而下逐渐减小。如果使用环刀法时只在碾压层的上部取土样，则测量结果偏大；如果使用环刀法时只在碾压层的下部取土样，则测量结果偏小。

在检查路面结构层和路基土的压实度时，需要测量碾压层的压实度。因此，在使用环刀法测量土的密度时要保证测量得到的密度能够代表碾压层的平均密度。但这在实际测量中不容易实现。因为只有环刀取的土样是碾压层的中间土时，测量结果才大致准确。此外，环刀法的适用范围比较小，含有粒料的稳定土及松散性材料不能使用环刀法。

第三节　路基施工的质量通病与防治

一、回填压实的质量通病及防治

（一）超厚回填

超厚回填现象是指路基填方或沟槽回填土的虚铺厚度不符合有关规定，甚至一些不符合要求的项目使用推土机直接将沟槽填平。

超厚回填会导致所铺层厚内的松土不能全部符合有关要求规定的密实度。道路的超厚回填会导致路基结构沉陷和路面结构沉陷。管道的超厚回填会导致管道胸腔部位的密实度不符合有关规定要求，使管顶土压力和地面荷载大于胸腔部位的土压力，使管体上部破裂，甚至管道被压扁。

超厚回填是由于施工技术人员和施工工人没有充分认识到超厚回填危害或没能进行有效质量控制引起的。

超厚回填的几种治理方法如下。

①在施工前对施工技术人员和施工工人进行技术培训，使其对分层压实的作用有充分了解。

②在施工时向施工工人做好技术交底工作，确保路基填方和沟槽回填的虚铺厚度符合有关规定要求。

③在施工过程中遵守操作要求，对施工质量进行严格管理。

（二）倾斜碾压

倾斜碾压是由在填筑段内施工时没有将底层铺平就进行填筑，或是沟槽内的填筑高度不统一时就使用碾轮在纵坡上进行碾压等原因形成的。

倾斜碾压会导致碾压轮的压实重力产生的分力在纵坡上流失，使碾轮不能将压实功能最大程度发挥出来。

倾斜碾压的治理方法是填筑路基时在路基总宽度内使用水平分层方法。如果路基地面的横坡或纵坡大于1∶5时要将其做成台阶。

二、边沟、排水沟质量通病及防治

（一）排水边沟沟底纵坡不顺，断面大小不一

排水边沟沟底纵坡不顺，断面大小不一的现象是指沟底不平坦，甚至存在反坡，导致一些位置出现积水。

排水边沟沟底纵坡不顺，断面大小不一的原因是未按设计纵坡和断面开挖修整边沟，相关人员忽视对附属工序质量检验。

排水边沟沟底纵坡不顺，断面大小不一的危害是边沟积水将渗入路基，降低路基土的强度和稳定性。

排水边沟沟底纵坡不顺，断面大小不一的治理方法是要严格按照设计要求的开挖断面和纵断面高程对其进行开挖修整，认真做好工序质量检验。

（二）路基排水无出路

路基排水无出路是指边沟尾间无出路、边沟变成渗水沟等现象。

路基排水无出路是由两种原因造成的，一种原因是工程设计单位在进行工程设计时不认真，没有设计排水出路；另一种原因是施工单位没有认真学习施工图纸，没有及时发现设计图纸中的问题，或是工程设计单位对排水问题有特殊说明但被施工单位忽视。

路基排水无出路会导致边沟的积水浸泡路基，使路基土的强度和稳定性下降，损害道路使用寿命。

路基排水无出路有以下两种治理方法。

①施工单位在施工过程中要仔细学习设计图纸，如果设计图纸中的排水出路有问题要及时向有关部门提出。

②施工过程中不仅要解决路基边沟排水问题还要解决边沟尾间排水沟的挑挖修整问题。

三、路肩、边坡的质量通病及防治

（一）路肩、边坡松软

路肩松软的表现是如果车轮碾压路肩，路肩会向下凹陷出现车辙；边坡松软是指一旦受到外力的作用边坡土就会下滑。

1. 路肩、边坡松软的原因

路肩、边坡松软是由三种原因造成的，一种原因是施工过程中没有充分碾压填方路基，路肩和边坡的密实度不符合有关规定；另一种原因是填方宽度不足，使用松土贴坡，或使用松土填垫路肩而且没有压实；三是使用沙性土或松散的粒料进行填方，导致边坡稳定性不足。

2. 路肩、边坡松软的危害

①路肩、边坡松软会降低路面边缘结构的稳定性，路面容易发生损坏。

②路肩松软会使路面上行驶的机动车轮下陷，甚至发生翻车。

③边坡松软会导致路基变窄。

④路肩、边坡松软会导致高填方路段容易发生滑坡。

3. 路肩、边坡松软的治理方法

①在施工过程中对填方路段进行分层碾压，在填方路段的两侧预留出20～30cm的超宽，在修正路基时进行削坡，避免出现贴坡现象。如果出现严重的贴坡现象，则需要将先前的边坡修筑成台阶，对其进行分层填补夯实。路

肩的密实度需要达到轻型击实密实度的 90% 以上。

②如果使用沙性土或松散性粒料进行路基填方，则需要在边坡栽种植物进行保护，或提高边坡坡率。

③在施工完成后要对填补的路肩亏土进行压实处理，使其密实度达到轻型击实密实度的 90% 以上。

④使用石灰土或砾料石灰土稳定路肩。

⑤在路肩外侧使用石块或者混凝土预制块对其进行砌筑。

⑥在边坡使用条形草皮或方块草皮对其进行防护。其中，一般路堤边坡使用条形草皮，坡长大于 8m 的高填方边坡使用方块草皮。

⑦在边坡表面铺砌片石或卵石。

（二）路肩积水

路肩积水的现象是指路肩横向反坡，或路肩在与路面接茬处形成沟槽，造成积水。

路肩积水是由两种原因造成的，一种原因是路肩碾压不实，路肩和路面连接的部分长时间受到车轮碾压出现下沉现象，形成沟槽；另一种原因是施工单位在施工过程中对路肩进行了碾压，但是没有修整路肩，路肩不平坦则会出现横向反坡。

路肩积水会导致路肩发生下沉或出现反坡，使路面的边缘位置出现积水浸泡路基结构和路面结构，使其受到损坏。

路肩积水的积水的治理方法有以下几种。

①在施工过程中严格控制路肩的工程质量，对其进行碾压和修整，使其密实度达到轻型击实密实度的 90% 以上。

②避免路肩出现积水现象。

③将路肩修筑成反坡，使雨水汇集到一处然后排出路外。

四、土路床质量通病及防治

（一）路床整修碾压的质量标准

①符合市政工程外观检验评定标准。

②路床不得有翻浆、弹簧、起皮、波浪、积水等现象。

③用 12～15t 压路机碾压后，轮迹深度不得大于 5mm。

④符合实测实量检验评定标准。

（二）路床的质量通病及防治

1. 不按土路床工序作业

（1）现象。

不按土路床工序作业的现象有两种，一是在没有压实的土路床上直接铺筑路面结构；二是在没有严格控制压实程度的土路床上直接铺筑路面结构。

（2）原因分析。

其原因有以下几种。

①施工单位施工技术不强，对不做土路床的危害认识不足。

②施工单位在施工时不按要求施工。

③在施工过程中追赶进度，没有按照要求把控质量。

（3）危害。

在没有压实的土路床上直接铺筑路面结构相当于在软地基上铺筑路面结构。软地基的空隙比较大，雨季雨水渗入软地基，冬春两季水分聚集到软地基中都会降低土基的稳定性，使路面受到损坏。

（4）治理方法。

①对施工技术不强的施工单位或施工人员在施工前进行培训，要求其按照有关要求施工。

②监理工作人员对路床工序的工程质量进行严格检查。

2. 土路床的压实宽度不到位

土路床的压实宽度不到位是指路床的碾压宽度普遍或局部小于路面结构宽度。

土路床的压实宽度不到位是由于施工单位没有准确控制边线或线桩位置发生移动、线桩丢失等原因引起的。

土路床的压实宽度不到位会导致路面结构宽度大于土路床的碾压宽度，使路面结构的边缘落在软基上。如果软基干燥并具有支撑力，结构层将会成活；如果软基被雨季的雨水浸泡或冬春两季的水分聚集在软基中时，软基的稳定性下降，则导致路边下沉。

土路床的压实宽度不到位的治理方法有以下两种。

①在填土路段修筑路基或挖方路段修筑路基时，测量人员要保证边线桩位置准确，在施工过程中及时检查其位置是否发生变动，如有变动要及时补桩或纠正其位置。

②路床碾压边线要超过路面结构宽度。

第六章　桥梁施工技术

桥梁是交通线中重要的组成部分，它与公路建设一样是国家城市建设的重要工程，对于解决交通障碍，完善区域路网，促进各地经济发展有着非常重要的意义。随着社会高速发展和科学技术水平进步，人们可以新建、改造更多的桥梁，而且人们关于桥梁建筑的要求也越来越高，桥梁的施工技术又关系到桥梁的质量和使用。因此，本章将着重探讨桥梁的施工技术，总共分成四个部分：桥梁工程的组成，桥梁上部施工技术、桥梁下部施工技术以及涵洞施工技术。

第一节　桥梁工程的组成

一、桥梁的设计

（一）桥梁的分类

桥梁有各种不同的分类方式，每一种分类方式均反映出桥梁在某一方面的特征。具体分类方式主要有以下几种。

1. 按桥梁用途

按桥梁用途其划分为铁路桥、公路桥、公铁两用桥、自行车桥、农桥等。铁路桥活载大，桥宽小，结实耐用且易于修复。公路桥活载相对较轻，桥宽大。

2. 按桥跨结构材料

按桥跨结构所用的材料来划分，桥梁有钢桥、钢筋混凝土桥、预应力混凝土桥、结合桥等。钢桥具有较大的跨越能力，在跨度上一直处于领先地位。钢筋混凝土形成的结合桥主要指钢梁与钢筋混凝土桥面板组合成的梁式桥。

3. 按桥梁平面形状

按桥梁的平面形状划分，其分为直桥、斜桥、弯桥。实际生活中绝大部分桥梁为直桥（正交桥），斜桥指的是水流方向同桥的轴线不呈直角相交的桥。

4.按桥梁全长和跨径

按桥梁全长和跨径的不同，桥梁分为特大桥、大桥、中桥和小桥。

5.按跨越障碍的性质

按跨越障碍的性质，桥梁可分为跨河桥、跨线桥（立体交叉）、高架桥和栈桥。

6.按上部结构的行车道位置

按上部结构的行车道位置，其分为上承式桥、下承式桥和中承式桥。

7.按桥梁静力受力体系

其按桥梁的静力受力体系分为梁式桥、拱桥、悬索桥和钢架桥四种基本体系，除此之外还包括由基本体系与其他体系或基本构件（塔、柱、斜索等）形成的组合体系桥。以下分别介绍四种基本体系桥。

①梁式桥。梁式桥的主要承重构件是梁（板），梁部结构只受弯、剪，不承受轴向力，主要以其抗弯能力来承受荷载。桥梁的整体结构在竖向荷载作用下无水平反力，只承受弯矩，墩台也仅承受竖向压力。梁式桥结构简单，施工方便，对地基承载能力的要求不高，跨越能力有限，常用跨径在25m以下。

②拱桥。拱桥的建造经济合理，有很大跨越能力，外形美观大方。拱桥的主要承重结构是拱圈或拱肋，其截面形式可以是实体矩形、肋形、箱形桁架等。拱圈分为无铰拱、两铰拱、三铰拱这三种静力体系。其中，无铰拱又叫固端拱、固定拱，为外部三次超静定结构，就是不设铰，直接将拱圈的两端与桥台相固结以支撑整个桥梁。无铰拱拱内弯矩分布均匀，其附加内力随着拱跨径增大在结构总内力中的比重相对减小，是桥梁中变形最小、结构强度最大的一种。除此之外，由于无铰拱不设置铰，因此还具有构造简单、施工方便、经济节约等特点，是拱桥中普遍采用的形式。修建无铰拱桥对于地基要求比较严格，桥台位移、温度变化、混凝土收缩等因素都会对拱的受力产生不利影响，因此其需要有非常坚实的地基基础，这也是无铰拱唯一的不足。两铰拱，为外部一次超静定结构，就是在拱圈两端设置可转动的铰支承，其一般在地基条件较差或墩台基础可能发生位移的情况下采用。由于在钢拱桥中设铰比较方便，因此，钢拱桥中大多采用的是两铰拱。世界上比较著名的两铰拱桥有澳大利亚悉尼港拱桥和美国的新河谷拱桥。三铰拱，为外部静定结构，即在拱桥的两个拱脚处和拱顶处各设有一铰，造型美观。但其不足之处在于，顶铰构造较为复杂，不利于施工和维护，一般不作为主拱圈，并且铰的设置会大大减小桥梁的整体刚度，使其抗震能力降低，因此现在很少建造三铰拱桥。在建造材料方面，一般拱桥与大跨度拱桥不同，一般拱桥采用的是抗压性能较好的砖、石、混凝土等材料，

而大跨度拱桥考虑到桥身是否能承受所发生力矩的问题，则会采用钢材或钢筋混凝土来建造。拱桥按结构形式可分为板拱、肋拱、双曲拱、箱形拱、桁架拱。拱桥为桥梁基本体系之一，是大跨径桥梁的主要形式。

③悬索桥。悬索桥主要由索（缆）、塔、锚碇、加劲梁等组成，其主要承受构件是在索塔悬挂并锚固于桥两端的缆索或钢链。悬索一般用抗拉强度高的钢丝、钢缆等钢材制作，主要承受拉力作用，其几何形状一般接近抛物线。在悬索桥中，主缆是结构体系中的主要承重构件，是几何变体，主要承受拉力作用。主塔是悬索桥抵抗竖向荷载的主要承重构件，在恒载作用下，以轴向受压为主；在活载作用下，以压弯为主，呈梁柱构件特征。锚碇是锚固主缆的结构，它将主缆中的拉力传递给地基，通常采用重力式锚和隧道式锚。加劲梁是悬索桥保证车辆行驶、提供结构刚度的二次结构，主要承受弯曲内力。跨度小活载大，且加劲梁较刚劲的悬索桥，可以视为缆与梁的组合体系。但大跨度悬索桥的主要承重结构为缆，组合体系效应可以忽略。在竖向荷载作用下，其悬索受拉，锚碇处会产生较大向上的竖向反力和水平反力。

④刚架桥。刚架桥是介于梁与拱之间的一种结构体系，它是由受弯的上部梁（或板）与承压的下部柱（或墩）整体结合在一起的结构。由于梁与柱是刚性连接，梁因柱的抗弯刚度而得到卸载作用，整个体系是压弯结构，也就是有推力的结构。刚架分直腿刚架与斜腿刚架两种。刚架桥施工较复杂，一般用于跨径不大的城市桥或公路高架桥和立交桥。

（二）设计阶段

桥梁设计一般分成三个阶段：初步设计、技术设计和施工样图。其中初步设计的内容和目的是根据调查、勘测所得的资料，拟出几种不同的桥梁，从经济、技术、美观等方面加以比较，然后选出最合理的方案。而技术设计则是根据初步设计限定的方案，确定和计算桥梁各部分的尺寸与构造、施工方法、工程数量及桥梁造价等。施工样图是根据技术设计制定的，以供桥梁建筑施工现场之用。

二、桥梁施工

（一）桥梁施工环节

桥梁施工涉及范围广、专业技术性强，是桥梁工程中决定桥梁质量的重要环节。在这一环节中，主要包括以下几个方面。

①施工方法选择。
②施工演算。
③施工机具设备选择和设计制作。
④相关计划及安排。
⑤施工生产过程。
⑥安全管理。

（二）桥梁施工技术

桥梁施工技术就是指桥梁的建造方法，其主要内容包括施工方案选择和技术方案实施两个方面，其施工人员必须具备较高的专业素质。在桥梁施工方案选择上，需要考虑多种因素，如施工和造价，施工队伍的素质、设备和机具，施工现场等。在技术方案实施上，需要采取多方面的技术措施，如模板、混凝土供应、施工机具、吊装等，以保证施工技术方案顺利实施。

（三）施工准备工作

1. 必要性

准备工作是一项工程施工前的必要步骤和进程，只有做好准备工作，将施工中必要的技术和物质条件进行合理统筹规划，才能在施工过程中更好地完成施工任务，使施工速度和施工质量得到最大提高和保证，为企业赢得最佳经济效益。

2. 内容

①人员准备。在施工前，施工单位必须具备一定数量的施工人员在不同岗位上执行工作任务。工作开始前，有关单位还要对施工人员进行上岗前的培训，避免工作中出现差错。

②技术准备。技术准备是施工准备工作中最重要的工作之一，工程中出现的损失有绝大部分是因为技术准备没有到位而造成的，因此施工单位必须对技术准备工作进行高度重视，保证万无一失。

③管理制度准备。一切施工工作都必须有制度体系保障，这是避免出现纠纷和解决纠纷最直接的方法。

④物质准备。例如，建立工地实验室、配备足够的机械设备和生产工具、施工场地布置等。

三、桥梁的养护

桥梁养护的目的是确保桥梁及其附属设施处于良好的技术状态，保证其使用的舒适性和安全性。桥梁养护是属于保护性的，预防性养护应是桥梁养护管理的重要宗旨。养护应贯穿于桥梁的整个使用周期，日常养护能够及时发现桥梁的潜在病害，以使有关部门根据情况积极采取措施以减缓病害发展，延长桥梁使用寿命，提高桥梁使用状况。

桥梁养护管理的基本内容包括基本信息管理、检测评估管理和养护维修管理。其中，基本信息管理要求工作人员收集、存储桥梁建设及使用期的各种决策设计和施工及竣工文件，相关信息记录应尽可能完整。这些信息对于掌握桥梁的历史、现状极其重要，是第一手资料。检测评估管理是桥梁管理的重要一环，其工作通常由具有一定经验或资质的桥梁工程技术人员，根据相关规范要求，对桥梁进行结构状态及性能参数检测，并通过计算分析，综合评定桥梁的技术状态，为桥梁养护、维修、加固提供依据。养护维修管理主要指为改善桥梁的技术状态而对桥梁采取的工程措施，按照损坏程度和工程规模大小其可分养护、维修、加固及重建。

四、桥梁的检定

桥梁的检定即桥梁检查与检测，就是对桥梁主体结构及其附属构造物技术状况进行的全面检查。检查不仅可以及时掌握在役桥梁的技术状态，为桥梁的使用及维修加固提供必要依据，还可通过收集的各项数据为桥梁管理技术水平提高提供数据素材，更好地提高桥梁管理养护技术水平。

桥梁检定是评定桥梁施工质量的重要措施，是确定工程可靠性和安全性的必要步骤。人们通过对现有桥梁检查，可以为桥梁工程管理工作提供安全数据，为以后新型桥梁设计和施工提供一定的经验和基础，改进和完善其结构设计及结构形式。

第二节 桥梁上部施工技术

一、预应力混凝土连续梁桥施工

当今的桥梁工程建设中,施工起着非常重要的作用,其中预应力混凝土连续梁桥的施工就是桥梁上部施工技术的重要内容。

针对不同的施工条件,预应力混凝土连续梁桥的施工方法也不尽相同。施工人员在选择施工方法时,需要考虑到各种各样的因素,例如桥梁本身的设计、施工环境、施工设备、施工人员等。主要施工方法有,有支架就地浇筑施工、移动模架法和顶推法。

(一)有支架就地浇筑施工

有支架就地浇筑施工是一种比较传统的施工方法,适用于一些低桥墩的中、小跨连续梁桥。利用此种方法建造的桥梁优点是整体性和稳固性较好,不会出现体系转换的问题;缺点是有由于支架就地浇筑施工法因为需要大量的施工脚手架,尽管施工简便可靠,但其所需工期长,需要消耗大量的人力物力,因此还是有一定的局限性。

随着如今的桥梁结构样式越来越多样化,再加上钢结构设备运用也更加普遍,尽管有支架就地浇筑法更加经济,但采用此方法建筑的桥梁仍然不多,大部分桥梁都选择了更加先进的施工方法。基于有支架就地浇筑施工应用范围广、预算较经济,因此,在选择桥梁施工方法时还需综合考虑,根据实际情况选择。

1. 支架的形式

支架的形式一般分为三种,分别是立柱式、梁式以及梁柱式。

立柱式支架通常建于陆地、不通航的河道或者低桥墩的小跨径桥梁中,因其构造简单的优点,受到较多次数的采用,立柱式支架如图 6-1 所示。

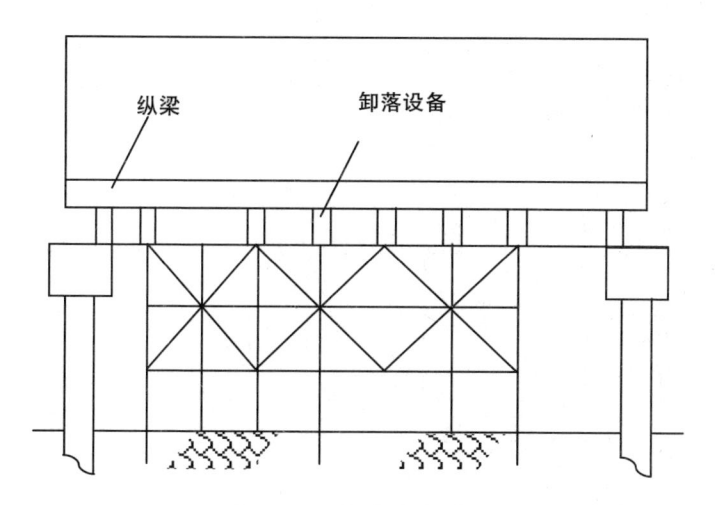

图 6-1　立柱式支架简图

梁式支架作为现场浇筑桥梁施工常用的一种支架形式，具有对路面交通干扰少、整体性好、刚度大等特点，可以满足车辆通行、通航的要求。梁式支柱的构造是在两端设置立柱，上方设置承重梁。承重梁有三种：工字钢、钢板梁和钢桁架，划分依据是其跨径的大小。通常来说跨径小于 10m 时，采用工字钢做承重梁；跨径大于 10m 小于 20m 时，采用钢板梁做承重梁；跨径大于 20m 时，采用钢桁架做承重梁。梁式支架的构造如图 6-2 和图 6-3 所示。

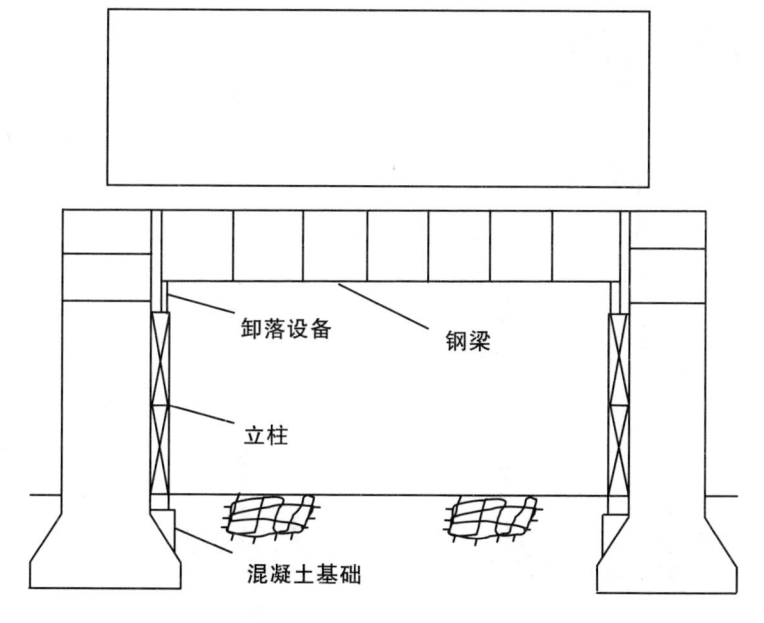

图 6-2　梁式支架（工字钢梁）

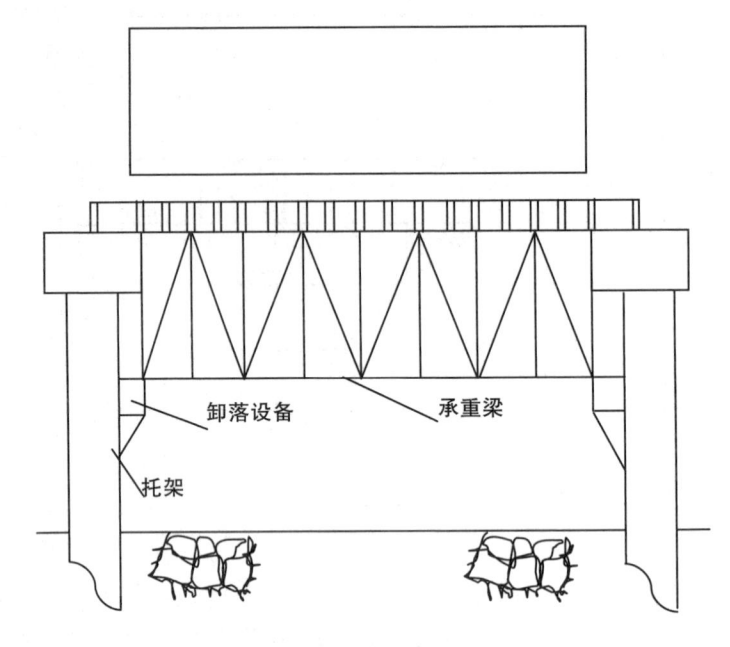

图 6-3　梁式支架（钢桁架）

梁柱式支架一般用于大跨度桥梁上，具体结构是在跨的中间设置多个立柱，使梁支撑在桥梁墩台或临时墩上，形成多跨梁柱式支架。梁柱式支架的基本构造如图 6-4 和图 6-5 所示。

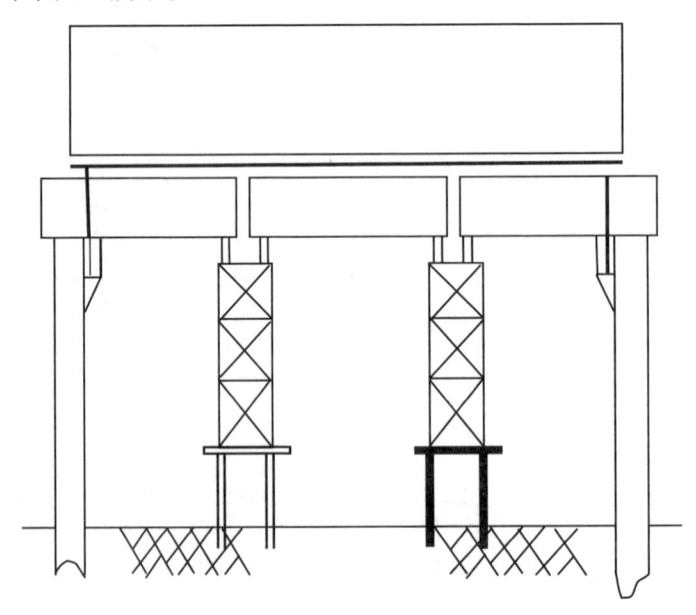

图 6-4　三跨梁柱式支架

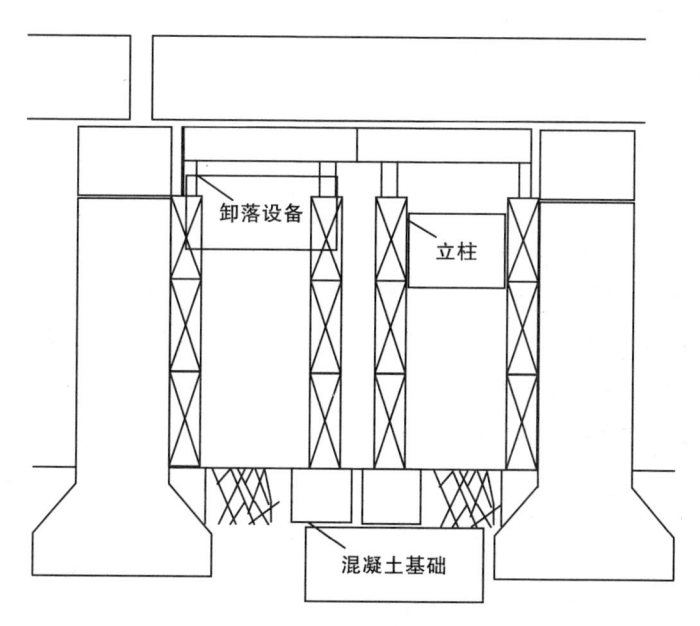

图 6-5 两跨梁柱式支架

2. 对支架的要求

①桥梁支架是一个临时的施工结构，主要用来承受桥梁的大部分重量，因此施工时对于支架的质量要求非常严格。支架必须满足两个基本条件：其一，支架必须保证其刚度和强度，这样才能保证就地浇筑顺利进行；其二，支架的构建结合必须紧密，保证纵向和横向连接安全可靠，连接后的整个支架能成为一个不可轻易拆卸的整体。

②在河道中施工时，要充分考虑到洪水和河流漂浮物对支架的影响，避免支架受到损坏。

③在安装支架前，要对施工时支架所受的重量进行充分估算，将支架受到的挠度情况进行严密分析。在安装支架时，设置好支架的预拱度，确保就地浇筑的主梁线形满足相应设计要求。

3. 施工方法

在进行预应力混凝土连续梁桥施工时，需要先进行混凝土就地建筑，然后再完成落架。其中，混凝土的就地建筑分为混凝土制作、模板拆除、预应力筋的张拉及管道压浆等工作，而落架的时间则需要根据具体施工程序和预应力筋的张拉程序进行确定。

上述操作是大部分桥梁进行有支架就地浇筑的一般方法，但还有一些桥梁考虑到支架负担及节省工程数量的问题，会选择在部分主梁截面落架后利用主梁来支撑。施工时要在此基础上，进行下一轮的混凝土浇筑和预应力筋张拉，并重复上述工序。

（二）移动模架法

移动模架法适用于长度较大，跨度较长的桥梁建筑，通常采用此方法的桥梁跨径范围为30～50m。移动模架法的优点是对劳动力和劳动强度有一定量节省，并且对施工场地要求不高，能够节省大量施工时间。目前，较常见的移动模架法有移动悬吊模架施工和活动模架施工，以下是两种方法的详细介绍。

1.移动悬吊模架施工

移动悬吊模架施工的基本结构为以下三部分。

①承重梁。这一部分是承受施工设备自重、模板系统重力及现浇混凝土重力的主要构件，因此其通常采用钢梁为主要的构件材料，在长度方面要求其长度应大于两倍跨径。

②横梁。横梁从承重梁的两侧伸出，两端垂直向下，到主梁的下部呈水平状态。横梁下端的框架为开口状态，可将主梁包在内部。

③支承系统。支承系统分为活动支承和后端支承两部分，当模板支架处于浇混凝土的状态时，模板通常依靠下端的悬臂梁和锚固在横梁上的吊杆定位，并用千斤顶固定模板浇筑混凝土。当模架需要运送时，放松千斤顶和吊杆，然后将模板固定在下端悬臂上并转动。梁的前端有一段是可动部分，使模架在运送时可顺利地通过桥墩。

2.活动模架施工

活动模架的构造形式主要有两种，一种是由承重梁、导梁、台车以及桥墩托架等构件构成；另一种是去掉导梁，将两根长度大于跨径两倍的承重梁至于箱梁下方。在第一种活动模架的构造形式中，导梁的主要作用是运送承重梁和活动模架，承重梁的主要作用是支撑模板和承受施工压力，两种构架分别承担着不同的作用。而在第二种活动模架的构造形式中，承重梁兼具支承和移动支架的双重功能，因此相比于前一种构造形式，第二种构造形式对于承重梁程度要求更加严格。

移动模架法有以下三个特点。

①机械化程度高，各项工艺均可在模架内完成，

②不受外界环境影响，即使是雨雪天气也能正常工作，能够加快施工速度。

③施工作业是周期进行的，便于工程管理，提高施工质量。

（三）顶推法

顶推法是当今预应力混凝土连续梁桥中较为流行的施工方法，具有全天候施工的特点，不仅施工设备简单，易操作，施工过程中也没有较大噪音，是一种非常实用的施工方法。顶推法的具体操作为先将梁体在桥头逐段拼装，再通过水平液压千斤顶施力，最后使梁体通过各墩顶的临时滑动支座面就位。顶推法可具体分为单点顶推法和多点顶推法两种。

二、装配式预应力混凝土梁桥施工

预制安装就是当同类桥梁的跨数较多、桥墩较高、水位较深且不宜搭设支架时，将桥跨结构先分成若干个独立的构件，送到桥位附近的预制工厂进行成批制作，然后再进行安装就位的施工方法。经过预制安装施工的桥梁也被称为装配式桥梁。

预制安装法的优点是桥梁的上、下部结构可以平行施工，使工期大大缩短，节省了大量的支架模板，便于工厂化制作，质量容易控制，从而降低了工程成本。

预制安装法的缺点是总体用钢量偏大，构件是拼接而成的，整体性比现浇差一些，最重要的是其安装时需要大型的起吊运输设备，此项费用较高。

预制安装施工法包括分片或分段构件的预制、运输、安装三阶段。

（一）装配式构件的预制工艺

桥梁构件的预制一般采用立式预制，这样构件在预制后即可直接运输和吊装，无须进行翻转作业。

构件预制方法按作业线布置的不同，分为固定式预制和活动台车上预制两种。

固定式预制中构件一直在一个固定底座上，立模、扎筋、浇筑和养护混凝土等各个作业依次在同一地点进行，直至构件最后制成被吊离底座。一般规模桥梁工程的构件预制大多采用此法。

在活动台车上预制构件时，台车上都具有活动模板（一般为钢模板），能快速装拆，当台车沿着轨道从一个地点移动到另一个地点时，作业也就按顺序一个接一个进行。预制场一般布置成一个流水作业线，构件分批进入蒸养室进行养护。如果是后张法预应力构件，则构件从蒸养房出来后，即进入顶应力张拉作业点。用这种方法预制构件，可采用强有力的底模振捣和快速有效养护，使构件的预制质量和速度大大提高。这种方法适用于大批或永久性制造构件的预制工厂。

（1）构件预制准备。

构件预制有关的准备工作包括模板工作、钢筋工作和混凝土工作等。

①模板工作。根据工程规模和预制工作量大小，模板可采用钢制、木制或钢木结合模板。制作T形梁的模板，包括底模、侧模和端模。底模支承在底座上，底座有木底座和混凝土底座两种。制作空心板构件，还需用芯模。制作箱梁节段，则另需内模。

②钢筋工作。钢筋工作包括钢筋调直、切断、除锈、弯钩、焊接和绑扎成型等工作。其中还需设置各种预埋件，包括构件接缝和接头部位的预埋角钢、预埋钢板、预埋钢筋（伸出钢筋）等，除此之外还有吊点的吊环、预埋零件等。预埋件须与钢筋骨架牢固连接。

③混凝土工作。混凝土工作包括混凝土搅拌、运输、浇筑、振捣、养护及拆模等工序。其配合比应通过设计和实验室验证来确定，拌和一般采用搅拌机。

（2）预应力混凝土张拉工艺。

预应力张拉工艺分先张法与后张法，先张法主要用于小跨径桥梁，目前工程中大量采用的空心板、T梁及小箱梁大多采用后张法工艺，故此外只介绍后张法施工工艺。后张法在浇筑混凝土梁体前使用，因此在梁体内按设计要求须预留预应力束孔道，待梁体混凝土达到规定的强度时，再往预留孔道内穿预应力束，并进行张拉、锚固，最后在管道内压浆。

①预应力筋孔道成型。梁体内管道成型，按照制孔的方式可分为预埋式和抽拔式两大类，但目前抽拔式应用已不太多。各地主要采用的预埋式中主要管材有金属波纹管和PE塑料管等，由于金属波纹管易弯折，影响注浆效果，目前大多用塑料波纹管。波纹管按设计位置和形状固定在钢筋骨架中，所有管道均应设压浆孔，还应根据规范要求在最高点设排气孔。管道在模板内安装完毕后，应将其端部盖好，防止水或其他杂物进入。待混凝土灌注后，便形成预应力筋孔道。

②预应力筋安装。预应力筋可在浇筑混凝土之前或之后穿入管道（分别称为先穿束和后穿束），对钢绞线，可将一根钢束中的全部钢绞线编束后整体装入管道中，也可逐根将钢绞线穿入管道。穿束前应检查锚垫板和孔道，锚垫板应位置准确，孔道内应畅通，无水和其他杂物。

③预应力筋张拉。

④压浆。预应力筋张拉锚固后，孔道应尽早压浆，且应在48h内完成，否则应采取避免预应力筋锈蚀的措施。孔道压浆有真空辅助压浆和常规压浆两种方法。目前高等级公路普遍采用真空辅助压浆，压浆料要采用专用压浆剂。

⑤锚固。压浆完成后，应及时对锚固端按设计要求进行封闭保护或防腐处理，需要封锚的锚具，应在压浆完成后对梁端混凝土凿毛并将其周围冲洗干净，然后设置钢筋网浇筑封锚混凝土；封锚应采用与结构或构件同强度的混凝土并应严格控制封锚后的梁体长度。

（二）预制梁的出坑和运输

1. 出坑

预制构件从预制场的底座上移出来被称为出坑。预应力混凝土构件在预应力张拉以后才可出坑。一般采用门式起重机将预制梁起吊出坑后移到存梁处或转运至现场，如简易预制场无门式起重机时，可采用汽车式或履带式起重机起吊出坑，也可用横向平移出坑。

2. 运输

预制梁从预制场到施工现场的运输称为场外运输，常用大型平板车、驳船或火车运至桥位现场。不论属于哪类运输方式，都要求在运输过程中，构件放置要符合受力方向，并在构件的两侧采用斜撑和木楔加以临时固定，防止构件发生倾倒、滑动或跳动造成构件损坏。预制梁在施工现场内运输称为场内运输，常用龙门轨道、平车轨道、平板汽车运输，也可采用纵向滚移法运输。

（三）预制梁安装

预制梁的安装是装配式桥梁施工中的关键性工序，是一项复杂的高空作业，其方法很多，归纳起来可分为人工架设、机械架梁和浮运架梁三大类。

除此之外，还可根据预制梁的安装环境分为岸上或浅水区安装、水中安装两种。前一种情况可采用门式起重机、汽车式起重机及履带式起重机等器械安装，后一种情况可采用浮吊或架桥机等安装。

1. 自行式起重机架梁

对于桥梁高度不大的中、小跨径桥梁，可以采用自行式起重机（汽车式起重机或履带式起重机）架梁。这是一种机械架梁方法，适用于陆地桥梁、城市高架桥或其他场地许可的桥梁，或者桥下可以设置施工便道的场地。根据吊装质量不同，可选择用一台或两台起重机直接在桥下进行吊装；如果桥下是河道或桥墩较高时则将起重机直接开到桥上，利用起重机的伸臂边架梁、边前进，不过采用此种方法时必须先核算主梁是否能够承受起重机、被吊构件、机具以及施工人员等的重力，这时应注意钢丝绳与梁面夹角不能太小，一般以45°～60°为宜。

2. 浮运架梁法

浮运架梁法是指先将钢梁在岸上拼装完成，再将其移装到浮运船上，最后安装就位的方法。

采用浮运架梁法时，需要满足以下条件。

①河流需有适当的水深，水深需根据梁重而定，一般宜大于 2m。

②保持水位平稳或涨落有规律。

③水流速度适中。

④风力适中。

⑤河岸备有能修建预制梁的装卸码头。

⑥具有坚固适用的船只。

浮运架梁法的优点是桥跨过程中不需搭设临时支架，一套浮运设备可同时架设安装多个同跨径的预制梁，较为经济，且架梁时浮运设备停留在桥孔的时间很少，不影响河流通航。

3. 联合架桥机架梁

此法适用于架设安装 30m 以下的多孔桥梁，其优点如下。

①不需搭设桥下支架。

②不受水深流急影响。

③在架设过程中，不影响桥下通航、通车。

④移送预制梁方便。

架设设备用钢量较多是联合架桥机架梁的主要缺点，但可周转使用。

联合架桥机由两套门式起重机、一个托架（即蝴蝶架）、一根两跨长的钢导梁三部分组成。钢导梁由贝雷架装配，梁顶面铺设运梁平车和托架行走的轨道。门式起重机由工字梁组成，并在上下翼缘处及接头的地方用钢板加固。门式起重机顶横梁上设有吊梁用的行走小车。为了不影响架梁净空位置，其立柱通常做成拐脚式（俗称拐脚龙门架）。门式起重机的横梁标高，由两根预制梁叠起的高度加平车及起吊设备高确定。蝴蝶架是专门用来托运门式起重机转移的，由角钢组成。整个蝴蝶架放在平车上，可沿导梁顶面轨道行走。

4. 双导梁穿行式架梁法

此种方法是在架设孔间设置两组导梁，导梁上配有悬吊预制梁设备的轨道平车和起重行车或移动式龙门起重机，将预制梁在双导梁内吊着运到规定位置后，再落梁、横移就位。横移时可用两组导梁着预制梁整体横移，还有一种方法是将导梁设在桥面宽度以外，预制梁在龙门起重机上横移，导梁不横移，这比第一种横移方法安全。

双导梁穿行式架梁法的优点与联合架桥机法相同,适用于墩高、水深的情况下架设多孔中小跨径的装配式桥梁,因该方法不需蝴蝶架,而配备双组导梁,故架设跨径较大,可吊装的预制梁较重。我国用该类型的起重机架设了梁长51m、重1310kN的预应力混凝土T形桥梁。

第三节 桥梁下部施工技术

一、混凝土墩台施工

(一)墩台模板

1. 墩台模板的分类

①固定式模板。此模板主要由立柱、肋木、壳板、撑木、拉杆、钢箍、枕梁、铁件等构件组成,其制作材料通常为木材或竹材。

②拼装式模板。拼装式模板就是将标准模板与拉杆、加紧构件等拼装组合,构成墩台所需的模板。标准模板的尺寸不一,需要根据实际需要进行选择。

③整体吊装模板。整体吊装模板水平分成若干段,每段模板组成一个整体,在地面拼装后吊装就位。

④组合型钢模板。这种模板是将各种长度、宽度及转角标准构件用定型的连接件将钢模拼接而成的结构模板。

⑤滑动钢模板。此种模板适用于各种类型的桥墩。

2. 墩台模板的要求

①模板的强度、刚度及稳定性必须符合相应的标准,保证可以承受施工过程中产生的各种负荷。

②模板设计应简单合理,安、拆方便。

③模板应符合混凝土的结构特征,与施工条件、浇注方法等条件相适应。

④模板面应保持平整,模板接缝处应严密并不漏浆。在模板与混凝土的接触面应涂刷隔离剂,切忌采用废机油等油料。

⑤确保支架坚固稳定可以承受施工过程中任何的振动和撞击。

(二)混凝土浇筑施工要点

1. 混凝土的运送

混凝土运送可采用混凝土带式运输机或混凝土输送泵。

在运送过程中，应保持运送速度小于等于 1.2m/s。当混凝土坍落度小于 4cm 时，输送带倾斜角应保持为向上传送 18°，向下传送 12°；当混凝土坍落度在 4～8cm 时，输送带倾斜角应保持为向上传送 15°，向下传送 10°。

2. 混凝土浇筑

①当混凝土浇筑的基底为非黏性土或干土时，应将其润湿。

②当混凝土浇筑的基底为过湿土时，应在基底设计标准下铺设一层 10～15cm 的厚片石或碎石层。

③当混凝土浇筑的基底面为岩石时，应铺一层厚 2～3cm 的水泥砂浆，然后在水泥砂浆凝结前浇筑第一层混凝土，然后将其加以润湿。

二、石砌墩台的施工

（一）石料、砂浆与脚手架

石砌墩台由片石、块石及粗料石以水泥砂浆砌筑而成。

脚手架一般常用固定式轻型脚手架、简易活动脚手架以及悬吊式脚手架。其中固定式轻型脚手架适用于 6m 以下的墩台，简易活动脚手架适用于 25cm 以下的墩台，悬吊式脚手架适用于较高的墩台。

（二）墩台砌筑施工要点

①砌筑前应按设计图放出实样，挂线砌筑。

②砌筑基础的第一层砌块时，应注意地基材质。若为土质，只在已砌石块的侧面铺上砂浆即可，不需坐浆；若为石质，应将其表面清洗、润湿后，先坐浆再砌石。

③砌筑斜面墩台时，斜面应逐层放坡，以保证规定坡度。

④砌块间用砂浆黏结并保持一定缝厚，所有砌缝均要求砂浆饱满。

⑤在进行形状比较复杂的工程之前，应先做出桥墩配料大样图，注明块石尺寸；既使进行的工程形状较为简单，也要根据砌体高度、尺寸、错缝等，先行放样配好料石再砌。

第四节 涵洞施工技术

一、涵洞的分类

涵洞是一种在公路建设中便于公路通过水渠，设于路基以下的排水孔道，由洞身、路基、端、翼墙四部分构成。

根据不同标准，涵洞可分以下几类。

①按建筑材料不同，可分为砖涵、石涵、混凝土涵、钢筋混凝土涵。
②按构造形式不同，可分为圆管涵、拱涵、箱涵、盖板涵。
③按水利性能不同，可分为无压力涵洞、半压力涵洞、压力式涵洞。
④按填土情况不同，可分为明涵和暗涵。

桥与涵洞在技术上是按照跨径标准划分的，一般跨径超过 5m 的被称为桥，小于或等于 5m 的就被称为涵。另外，涵洞与桥梁之间最大的区别就是涵洞上有填土，而桥上直接铺设轨道。

二、施工准备工作

（一）涵洞施工注意事项

1. 现场核对

涵洞开工前，应根据设计资料，结合现场实际地形、地质情况，对涵洞位置、方向、孔径、长度、出入口高程及与灌溉系统的连接等进行核对。核对时，还需注意农田排灌要求，如需增减涵洞数量、变更涵形或者改变孔径，应按相关规定办理。

2. 施工详图

若原设计文件、图纸不能满足施工需要时，例如地形复杂处的陡峻沟谷涵洞、斜交涵洞、平曲线或大纵坡上的涵洞、地质情况与实际资料不符处的涵洞等，设计人员应先绘出施工详图或变更设计图，然后再依图放样施工。

3. 施工放样

涵洞中线和涵台位置测定应准确无误。

（二）涵洞的施工放样

涵洞施工中的放样测量工作主要是测设涵洞中心桩位及涵洞轴线方向，还有根据设计资料给出的中心桩号、斜交角、涵长等数据,测设涵洞中心桩和轴线。

涵洞轴线确定后应量出上下游涵长，考虑出入水口是否顺畅，当无须改善时，应用小木桩标定涵端，用大木桩控制涵洞轴线，并以轴线为基准测定基坑和基础在平面上的所有尺寸，然后用木桩标出，或者设置线板，最后在线板上以凹痕指出所有基础边沿及边墙在平面上的外形。线板在预定基坑范围以外1～1.5m处钉上水平木桩，各木桩间距为2～3m，然后将线板固定在木桩上。

三、拱涵、盖板涵和箱涵施工

（一）就地浇筑的拱涵、盖板涵

1. 拱涵基础

供涵基础分为三种，分别是整体式基础、非整体式基础、板凳式基础。

（1）整体式基础。

两座涵台的下面和孔径中间使用整块混凝土浇筑的基础被称为整体式基础。其地基土的承载力应满足设计文件规定。若设计无规定，则填方高 H 在 1～12m 时，必须大于 0.2MPa；H 大于 12m 时必须大于 0.3MPa。湿陷性黄土地基，不论其表面承载力多大，均不得使用整体式基础。

（2）非整体式基础。

两座涵台的下面为独立的现浇混凝土或浆砌片石基础，两者之间不相连的称为非整体式基础。其地基土要求的容许承载力比上述的基础高，当设计文件无规定时，一般应大于 0.5MPa。

（3）板凳式基础。

板凳式基础为两座涵台下面的混凝土基础之间用较薄的混凝土或钢筋混凝土板在顶部连接，一起浇筑成类似板凳的基础。其地基土容许承载力的要求处于前两者之间，设计文件无规定时，应为大于 0.4MPa 的沙类土或"中密"以上的碎石土。

2. 支架和拱架

（1）钢拱架和木拱架。

钢拱架是用角钢、钢板和钢轨等材料在工厂（场）制成的装配式构件；在工地拼装使用的木拱架主要是由木材组合而成的，拆装比较方便，但这种拱架浪费木材，应尽量不使用。

（2）土牛拱胎（土模）。

在水流不大的情况下，小桥涵施工可以用土牛拱胎代替拱架，这种方法既能节省木料，又有经济、安全的特点。

全填土拱胎施工的步骤为拱胎填土在涵台砌筑砂浆或现浇，混凝土强度达到设计强度的 75% 后，分层夯填，每层厚度宜为 0.2～0.3m，土的压实度应在 90% 以上。

填土宽度在端墙外伸出 0.5～1m，并保持 1∶1.5 的边坡，填土将达拱顶时应分段用样板校正，每隔 300mm 挂线检查。

若用土牛拱胎浇筑盖板涵，其土牛填至涵台顶面的高程与拱涵相同。

在施工过程中预计有洪水到来的河沟中不能采用土牛拱胎法砌筑拱圈。

3. 具体施工

无论是圬工基础或砂垫层基础，施工前必须先对下卧层地基土进行检查验收，地基土承载力或密实度符合设计要求时，才可进行基础施工。对于软土地基，施工前应按照设计规定进行加固处理，符合要求后，才可进行基础施工。

对孔径较宽的拱涵、盖板涵兼作行人和车辆通道时，其底面应按照设计用圬工加固，以承受行人和车辆荷载及磨耗。

4. 拱架和支架的安装和拆卸

（1）安装的一般要求。

拱架和支架应牢固，并拆卸方便（可用木楔作为支垫），纵向连接应稳定，拱架外弧应平顺。拱架不得超越拱模位置，拱模不得侵入圬工断面。拱架和支架安装完毕后，应对其位置、顶部高程、节点联系、纵横向稳定性进行检查，不符合要求者应立即进行纠正。

（2）拆卸的一般要求。

拱圈砌筑砂浆或混凝土强度达到设计强度的 75% 时，方可拆除拱架，达到设计强度后，方可填土。

拆卸拱架时应沿拱涵整个宽度将拱架同时均匀降落，并从跨径中点开始，逐步向两边拆除。

（二）就地浇筑的箱涵

涵身基础分为有圬工基础和无圬工基础两种；箱涵身的支架、模板可参照现浇混凝土拱涵和盖板涵的支架、模板制造安装。箱涵浇筑混凝土时的注意事项与浇筑拱涵及盖板涵时相同。

第七章　桥梁施工质量控制

桥梁是被城市建设普遍使用的建筑物类型，是施工单位建筑的跨河流、海域、峡谷或者其他障碍的空间建筑物，给我国交通运输提供了很多方便。工程师在设计桥梁时要考虑到多方面会存在的问题，在桥梁的施工中需要注意的细节有很多，因此在施工的过程中相关工作人员需要对桥梁质量严格把控，如果桥梁存在质量问题，也会存在安全隐患，为了避免桥梁会出现安全隐患，就必须抓好桥梁质量控制工作。

第一节　桥梁施工的技术标准

一、桥梁组成与分类

（一）桥梁组成

桥梁通常由下部结构、支座、上部结构、桥面系及附属设施等组成。桥面系及附属设施是直接与桥梁服务功能有关的部件，包括桥面铺装、防水及排水设施，桥面伸缩装置，人行道与安全带，护栏与隔离设施，桥梁照明设施，桥梁结构与路堤的衔接，桥梁防撞保护设施，桥梁防震抗震设施，桥梁标志、标线、视线导引与防眩设施，桥梁防噪与防雪走廊，桥头引道与调治构筑物，桥头建筑和周边景观设计等。桥梁结构的有关名词主要有以下几个。

1. 净跨径

对于梁式桥其是设计洪水位上相邻两个桥墩（或桥台）之间的距离；对于拱式桥其是每孔拱跨两个拱脚截面最低点之间的水平距离。

2. 计算跨径

支座桥梁的跨径是指桥跨结构相邻的两个支座中心距离。

拱式桥的跨径计算是相邻拱脚截面之间的水平距离。

桥梁结构的分析计算以计算跨径为准。

3. 建筑高度

建筑高度为桥上行车路面至桥跨结构最下缘之间的距离，它与桥梁结构和跨径大小有关，也与桥面布置高度有关。

4. 净矢高

拱桥拱顶截面下缘至相邻两拱脚截面下缘最低点之连线的垂直距离，通常以 f 表示。

（二）桥梁分类

①按跨径分类：特大桥、大桥、中桥、小桥和涵洞。

②按桥梁受力特点分类：拱式桥、梁式桥、悬吊式桥和组合系桥梁。

③按承重结构的材料分类：石拱桥、钢筋混凝土（预应力）、钢桥。

④按用途分类：公路桥、公路铁路两用桥、农村道路桥、人行桥、管线桥和渡槽桥。

⑤按跨越障碍性质分类：跨河、跨线桥（立体交叉）、高架桥、栈桥。

⑥按上部结构行车道位置分类：上承式、下承式、中承式拱桥。

⑦按桥面布置分类：双向车道布置、分车道布置、双层桥面布置。

二、桥梁、涵洞技术指标

（一）桥梁、涵洞设计洪水频率

为保证桥涵孔泄洪能力和桥梁行车安全，桥梁、涵洞设计必须高出桥涵设计洪水频率的水位至少 0.25m。设计洪水频率是指桥涵设计洪水位发生的频率（1/100 表示百年一遇），不同等级公路的设计技术标准要求不同。

（二）桥梁与涵洞孔径

桥涵孔径的设计不宜过分压缩河道和改变水流的天然状态，应注意河床地形和考虑壅水冲刷对上下游的影响，确保桥涵附近河道与路堤稳定。

桥梁全长，对于有桥台的桥梁应为两岸桥台侧墙或八字墙尾端间的距离；对于无桥台的桥梁应为桥面系长度。

当新建桥梁跨径在 50m 及以下时，宜采用标准化跨径。

桥涵标准化跨径有 0.75m、1.0m、1.25m、1.5m、2.0m、2.5m、3.0m、4.0m、5.0m、6.0m、8.0m、10m、13m、16m、20m、25m、30m、35m、40m、45m、50m。

（三）桥下净空

桥下净空应符合公路建设限界的规定，高速、一级、二级公路的净空高度 H 应为 50m，三级、四级公路净空高度应为 4.5m。检修道、人行道与行车道分开设置时，其净高应为 2.5m。通航或流放木筏的河流应符合通航标准及流放木筏的要求。

第二节　桥梁施工的质量评定

一、单位、分部、分项工程划分

桥梁建设项目根据施工管理、建设任务和质量评定需要划分为三种工程，即单位工程、分部工程和分项工程。

（一）单位工程

单位工程在桥梁建设项目中，根据施工任务和签订合同中的相关内容，具有独立施工条件，可以单独作为成本计算的工程。

（二）分部工程

分部工程是指在单位工程中，根据结构施工任务和施工特点，其划分成的多个工程。

（三）分项工程

在分部施工的过程中，根据施工方法、工序、材料的不同，分部工程又能够划分为多个分项工程。

二、工程质量评分方法

当施工单位完成各分项工程后，要对桥梁实测项目和外观进行自查，其中自查标准应按照相关标准进行检测。此过程中相关工作需要监理工程师亲自确认，质量监管部门需要对施工自查资料进行评分，评分标准采用百分制。

（一）分项工程评分方法

分项工程评分主要包括以下几点。
①实测项目中各个检查项目得分之和。

②资料不全需要扣分。

③外观缺陷需要扣分。

扣分需注意以下几点。

①外观缺陷扣分。每一分项工程最多扣5分；较严重的外观缺陷，应进行整修处理，外观质量好不加分。

②资料不全扣分。工作人员按质量保证资料逐款检查，视资料不全情况，每款扣1分～3分。

（二）分部工程和单位工程评分方法

分项工程和单位工程可以区分为一般工程和主要工程，并且以1和2的数值进行划分。在对分部工程和单位工程进行评分时，需要采取加权平均值计算法。

三、工程质量等级评定方法

工程质量评价要考虑分项工程、分部工程、单位工程以及建设项目主机评定，其中评定等级分为三种：优良、合格和不合格。

（一）分项工程质量等级评定

分项工程主要以评分分数划分等级，优良标准是分项工程评分在85分以上；分项工程评分在85分以下，70分以上则评为合格；分项工程评分在70分以下则为不合格。

不合格的分项工程，可以采取适当的措施进行整修，如加固、返工、补强等。在整修达到设计要求和评定标准后，可以重新进行质量等级评定（可复评为合格或优良）。但加固、补强改变了结构外形，造成历史缺陷者不得评为优良。

（二）分部工程质量等级评定

分部工程评为优良的标准是分项工程全部合格，并且分部工程中主要分项工程评为优良，加权平均分达到85分以上。

分部工程评为合格的标准是①主要分项工程没有全部达到优良的标准，但加权平均分在85分以上；②分项工程全部合格，但加权平均分在85分以下。以上符合任意一点都能在分部工程中评为合格。

分部工程不合格的情况只有一种就是分项工程没有全部达到合格标准。

（三）单位工程质量等级评定

单位工程评判优良的标准是：所属各个分部全部合格，并且主要分部工程全部评为优良，加权平均分达到 85 分以上。

单位工程评为合格的标准是①主要分部工程没有全部达到优良标准，但是加权平均分达到 85 分以上；②分部工程全部合格，但加权平均分在 85 分以下。符合以上任意一点都能在单位工程中评为合格。

若单位工程中的次要分部工程中的某主要分项评为合格，则该单位工程不能评为优良；若单位工程的次要分部工程中的某主要分项工程评为合格，则该单位工程可能评为优良；如分部工程未全部达到合格标准时，则该单位工程为不合格。

（四）桥梁建设项目质量等级评定

桥梁建设项目质量属于优良级别的，需要所属单位工程的合格率在 80%以上；如果单位工程在 80%以下，但单位工程全部合格，桥梁建设项目也可评为合格；如果单位工程没有全部合格，那么桥梁建设项目为不合格。

第三节 桥梁施工的质量控制

一、涵洞与通道施工安全技术与风险控制

（一）施工放样

1. 风险分析

①钉设木桩时，桩锤对面站人，可能导致物体打击伤害。

②在密林草丛进行测量时，工作人员抽烟或用火，可能引发火灾。

③测量过程中，钢钎和桩锤等工具随意扔掷，可能导致物体打击伤害。

④夜间进行水文测量时，若照明不良，可能发生测量人员落水，导致淹溺事故。

⑤在高压线下进行测量工作，若不能保证足够的安全距离，可能导致触电事故。

⑥野外测量过程中遇到雷雨无房屋、车辆等可靠避雨场所时，躲到大树下或高压线下避雨，可能导致雷击事故。

⑦在陡坡段进行施工放样时,如工作人员没有系好安全绳,则可能导致高处坠落伤害和物体打击伤害。

⑧在没有断交的公路、道路上进行测量时,若未设置警告标志或措施采取不当,很可能发生车辆伤害。

2. 风险控制重点

施工放样过程中,须重点防范火灾事故、雷击伤害、高处坠落伤害、物体打击伤害等。

①遇雷雨时人员不得在高线下大树下停留,以防发生雷击事故。

②钉设木桩时,使锤人对面禁止站人,以防发生物体打击伤害。

③陡坡测量时,测量人员要系好安全带且确保其另一端拴挂牢靠,以防发生高处坠落伤害。

④在密林草丛中测量时,须禁止一切明火作业,禁止抽烟,以防发生火灾。

⑤施工上方有架空电线时,须根据电压等级、塔尺高度、钢尺测量方式等确定作业安全距离,确保测量作业在安全距离之内,以防发生触电伤害。

3. 风险控制技术

①在高压线附近工作时,必须要保持足够的安全距离。

②野外测量时,测量人员在雷雨天气不得在高压线下、大树下停留。

③在密林丛草间进行施量时,应防备有害动、植物伤人。

④遇大雨天气时,严防人员在易发生山体滑坡、崩塌、落石等处停留。

⑤水文测量人员应穿救生衣,夜间测量时应保证有足够的照明。

⑥在密林丛草间进行施工测量时,应遵守护林防火规定,严禁烟火。

⑦测量作业人员上在道路上穿行时,应做到"一看二停三通过",禁止与车辆抢行。

⑧在道路中进行测量作业时,应有专人持指挥棒或小红旗指挥车辆避让;现场指挥人员应佩戴警哨,发现紧急情况吹哨预警,现场作业人员必须服从指挥。

(二)基础开挖

1. 风险分析

①用吊斗出土时,吊斗底下站人,可能导致物体打击伤害。

②基坑开挖不按规定放坡,可能导致坑壁坍塌,造成物体打击伤害和人员窒息伤害。

③基坑顶面四周未开挖排水沟,遇阴雨天气时,可能导致地表水流入基坑,

冲毁基坑。

④地下管线、地下构筑物等调查不明，盲目施工，可能破坏地下管线，导致管线破裂。

⑤在基坑开挖过程中，遇坑壁松塌或涌水、涌沙时，若没有采取相应的防护措施，仍继续开挖，很有可能导致坑壁坍塌，造成物体打击伤害和人员窒息伤害。

⑥机械开挖与人工开挖同时进行，当驾驶挖掘机的作业人员操作不当或从事人工开挖的作业人员注意力不够集中时，可能导致机械伤害。

⑦当没有做好地质勘察工作，便穿越某块区域或穿越不良地质时，可能会给施工带来不便，甚至会因防护措施不当，造成大面积塌方。

⑧基坑开挖对邻近建筑物或临时设施有影响时，未采取安全防护措施，可能影响邻近设施的稳定性；如基坑附近有电线杆时，开挖基坑可能会使电线杆倾倒，导致触电事故。

2. 风险控制重点

基础开挖过程中，须重点防范基坑坍塌、人员窒息伤害和物体打击伤害等。

①在软基中开挖基坑时必须进行支护，以防发生基坑坍塌。

②基坑开挖过程中，必须按规定进行放坡，以防发生基坑坍塌。

③基坑顶部周围严禁堆放重物，以防发生基坑坍塌和物体打击伤害。

④基坑开挖过程中，遇坑壁涌水、涌沙时，应立即停止施工，以防发生基坑坍塌。

3. 风险控制技术

①用吊斗出土时，应有防护措施，吊斗不得碰撞支撑。

②开挖基坑严禁采用局部开挖深坑，从底层向四周掏土的方法施工。

③基坑开挖中，弃土堆坡脚与坑口边缘的距离不得影响基坑边坡稳定。

④采用机械开挖基坑时，应确保地基承载能力，以防机械倾翻。

⑤在土石松动地层或在粉、细沙层中开挖基坑时，应先做好安全防护措施。

⑥开挖基坑应视地质和水文情况、基坑深度，按规定坡度分层进行，以防发生坑壁坍塌。

⑦基坑开挖后，为防止机械、行人掉落，应在基坑周围拉安全警戒线进行防护，并设置安全警示标志。

⑧施工人员进入基坑作业前，应先将基坑周围有可能滚落的石块、危石等清除，以防发生物体打击伤害。

（三）基础施工

1. 风险分析

①施工现场违章用电，可能导致触电事故，造成人员伤亡。

②作业人员不按规定佩戴劳动防护用品，可能导致机械伤害和物体打击伤害。

③若基底不坚固，作业过程中打桩机、钻机等这些设备可能发生倒塌，导致机械伤害和物体打击伤害。

④危险处所未按规定设置防护措施和警示标志，如在深基坑顶部周围未拉安全警戒线，可能导致高处坠落伤害。

⑤机械设备操作人员无证上岗，操作不规范，可能导致机械伤害和物体打击伤害。

⑥基坑支护变形检查、处理不及时，如发生较大变形却未处理时，很有可能发生基坑坍塌，工作人员在基坑内施工时，极有可能导致物体打击伤害和人员窒息事故。

⑦机械设备未按规定进行检查验收，当存在不合格设备且工作人员不知情时，可能出现重大事故；如起重机的钢丝绳磨耗严重，起吊重物时，可能会突然坠落，导致物体打击伤害。

⑧未做好排水措施，没有及时将基础施工过程中遇到的地下水排离工程范围，或基础施工过程中遇到泉眼出露的情况，严重影响施工进度；当积水较多，浸湿围岩时，也极有可能导致涵洞塌陷，造成人员窒息事故。

2. 风险控制重点

基础施工过程中，须重点防范触电伤害、人员窒息事故、机械伤害和物体打击伤害等。

①施工过程中要规范用电，以防发生触电事故。

②危险处所须按规定设置防护措施和警告标志。

③定时定期对基坑支护变形进行检查，一旦发现问题应及时处理，以防基坑坍塌。

④施工人员必须按规定佩戴劳动防护用品，系好安全绳，以防发生物体打击伤害和高处坠落伤害。

3. 风险控制技术

①机械设备等在施工前应按规定进行检查，经验收合格后方可使用。

②施工现场的周围设围栏和警示标志，严禁非工作人员进入和操作。

③机械设备进入施工现场前,应查明行驶路线上的承载力和通行净空,保证机械设备顺利通行。

④人工抬运大块石料或设备时,应捆绑牢靠,动作协调一致,缓慢平放,防止石料或设备滚落伤人。

⑤机械设备操作人员必须身体健康,经过专业培训考试合格后,方可独立操作设备,且不准操作与操作证不相符的设备。

⑥涵洞施工之前,要做好排水设计,包括洞身排水和基础排水;施工过程中,施工人员要严格按照设计图纸上的要求进行,不得擅自更改。

(四)涵洞墙身施工

1. 风险分析

①堆放管节的地面不平整,放置时可能会损坏管节。

②墙身涂抹混凝土不均匀,存在气泡、鱼鳞纹等,影响施工质量。

③挡板支撑不符合规定要求,当挡板质量不良或不满足施工要求时,挡板可能达不到预期功能,致使部分洞身塌陷,发生窒息事故。

④涵洞沉降缝材料选取不当,影响沉降缝的施工质量,如温差变化较大时,沉降缝不能发挥其预期作用,可能会缩短涵洞使用寿命。

2. 风险控制重点

涵洞墙身施工过程中,须重点防范洞身坍塌、管节损坏等。

①在运输、安装过程中应注意防止管节受到碰撞而损坏。

②涵洞沉降缝端面应竖直、平整,上下不得交错搭压影响沉降。

③严禁混凝土车司机及现场施工人员随意往混凝土中加水,以防发生鱼鳞纹现象。

④墙身模板安装、拆除时,须先检查坑壁稳定和牢固情况,以防发生洞身坍塌。

3. 风险控制技术

①钢筋接头布置在承受应力较小处,并应分散布置。安装钢筋时,钢筋的位置和混凝土层的厚度要符合要求。拆除的模板和废料要及时清除,钉子要及时拔掉或打弯。

②施工场地狭小,机械设备作业繁忙的地段应设临时交通指挥人员。

③起重机吊装作业时,吊点应正确;人工辅助作业时,应注意人身安全。

④起重机装卸管涵时应有信号工指挥,风力在6级及以上时严禁作业。

⑤起吊管节时,不得将钢丝绳直接套住管节,应采取必要的措施防止管节

受损。

⑥涵洞沉降缝填缝材料应具有弹韧性、不透水性和耐久性，并应连续填塞密实。

⑦盖板、圆管、拱圈等预制件，在移动、堆放、装卸、施工过程中，应防止碰撞。

⑧拱圈、盖板就位浇筑时，拱架、支撑、模板应安装牢固，并应搭设脚手架平台和栏杆进行防护。

⑨起重作业前必须检查起重机的制动器、吊钩、钢丝绳和安全防护装置是否完好，严禁机械带病作业。

⑩涵洞施工中要按规定进行挡板支撑，首先在材料选取上要选择质量良好的挡板，其次要保证支撑过程中的每一个步骤都符合规范要求。

（五）涵洞出入口砌筑

1. 风险分析

①高处作业时，脚手架不稳，导致高处坠落伤害。
②碎石作业时，石块飞出伤人，导致物体打击伤害。
③用电不当，可能会因线路老化或操作不当，发生触电事故。
④抬运石料时，捆绑不牢靠，石块滚落伤人，导致物体打击伤害。

2. 风险控制

涵洞出入口砌筑时，须重点防范高处坠落伤害和物体打击伤害。
①施工过程中要规范用电，禁止违章用电，以防发生触电事故。
②进行碎石作业时，工作人员做好防护措施，以防发生物体打击伤害。

3. 风险控制技术

①高处作业前，工作人员要系好安全带，做好防护措施。
②洞口帽石和端墙、翼墙应平直，无翘曲现象，并应棱角鲜明，表面整洁。
③高处作业前，脚手架要支撑稳固，以防发生脚手架突然坍塌，导致高处坠落伤害。
④人工抬运大块石料时，应捆绑牢靠，动作协调一致，缓慢平放，防止石料滚落伤人。

（六）墙背回填

1. 风险分析

①混凝土或钢筋混凝土预制构件在施工过程中出现碰撞，损坏构件。

②墙背回填时间过早，盖板的强度还未达到设计强度，可能压塌涵洞，导致整个工程失败。

③挖土机、起重机工作时存在违规操作，极易导致机械伤害，如手或身体被卷入，手或其他部位被刀具划伤，被转动的机具缠压住等。

④作业人员酒后作业或疲劳作业，可能会由于误操作进而影响施工质量；如果作业人员在高处作业或在电源旁边，还极易发生坠落和触电事故。

2. 风险控制重点

墙背回填过程中，须重点防范机械伤害。

①管涵填土厚度较小时，严禁任何车辆和机械直接从上面通过，以防压坏管节。

②混凝土或钢筋混凝土预制构件在移动、堆放、装卸、运输过程中，应防止碰撞。

3. 风险控制技术

①电工、电焊工必须穿绝缘鞋，戴绝缘手套，且必须持证上岗。

②夜间施工时，现场必须有充足的照明设备，并尽量选在白天浇筑混凝土。

③起重机的作业地面应坚实平整，支脚必须支垫牢靠，回转半径内不得有障碍物。

④起重机在电线两侧作业时，起重臂、钢丝绳或重物等与电线线路应保持3m左右的安全距离。

⑤过渡段填筑应从涵洞两侧水平分层进行对称填筑压实，通行大型机械时，涵洞顶填土厚度应通过检算确定。

⑥严禁人员酒后作业、疲劳作业。

⑦混凝土在运输过程中不应发生离析、漏浆和坍落度损失过多等现象，当运至浇筑地点发生离析现象时，应在浇筑前进行二次搅拌，但不得再次加水。

二、渡槽施工安全技术与风险控制

（一）土方工程施工

1. 风险分析

①将弃土堆积在进出水池池槽边，可能会引发水池边坡失稳，导致水池坍塌。

②将开挖出的弃土运至弃渣场过程中，当开挖点与弃渣场距离较远或路上车流量较大时，可能会由于司机疲劳驾驶或酒后驾驶导致车辆事故。

③机械开挖与人工开挖要同时进行,当驾驶挖掘机的作业人员操作不当或从事人工开挖的作业人员注意力不集中时,可能会使挖掘机碰撞到作业人员,导致机械伤害。

④对原基础回填夯击时,如密实度达不到要求,投入使用后,基础可能会出现不均匀沉降,轻者会影响渡槽使用性能,严重时可能会导致渡槽坍塌,尤其是当渡槽下方车流量较大时,会发生严重的车辆伤害和物体打击事故。

2. 风险控制重点

土方工程施工过程中,须重点防范机械伤害、车辆伤害,结构物坍塌等事故。

①严禁在进出水池池槽上方堆置弃土,以防槽边失稳。

②基坑开挖时,确保按规定进行放坡,以防发生坍塌和物体打击伤害。

③对原基夯实过程中,选取优质的沙砾石料进行分层分段填筑,务必使密实度达到要求,以防发生渡槽坍塌的事故。

3. 风险控制技术

①回填土必须层层夯实,要求土料压实度达到96%。

②增强施工人员安全意识,禁止酒后作业或疲劳作业。

③采用挖掘机出土时,应有防护措施,挖斗不得碰撞排桩。

④基坑开挖时,要按规定进行放坡,确保边坡的承载力满足施工要求。

⑤挖掘机开挖与人工开挖同时进行时,两者之间必须保持足够的安全距离。

（二）钢筋施工

1. 风险分析

①大量钢筋堆放在一起,从底部取用少数钢筋时,可能会发生钢筋从上至下大面积滑落,导致物体打击伤害。

②钢筋切割过程中,工作人员注意力不集中或配合不协调时,可能会发生切割机切削伤人,导致机械伤害事故。

③钢筋的设计尺寸不符合要求,造成混凝土的保护层过大或过小,给后期的养护工作带来困难,严重时会缩短渡槽的使用年限。

④钢筋的数量和形状与要求不符,如钢筋数量小于设计所规定的数量,此时钢筋的强度与刚度有可能超过允许值,钢筋会过早出现疲劳现象。

2. 风险控制重点

钢筋施工过程中,须重点防范机械伤害与物体打击伤害。

①钢筋切割时,切割机周围禁止无关人员停留,以防发生机械伤害。

②钢筋加工时,技术负责人要详细核查钢筋材料表的正确性,确保钢筋数

量、尺寸符合设计要求。

3. 风险控制技术

①钢筋堆放时，禁止竖向高度过大，以防发生物体打击伤害。

②钢筋下料加工应按钢筋图进行，经检查无误后方可施工。

③钢筋切割时所用工具不得随意抛掷，尤其严防工作人员从高处向低处抛扔钢筋、铁锤等。

（三）模板施工

1. 风险分析

①模板固定不牢固和脚手架搭设不稳定，可能会使预制混凝土达不到规定的强度或者出现脚手架倒塌的事故。

②在搭接模板过程中，可能会由于脚手架强度不足，导致作业人员从高处跌落，发生高处坠落伤害。

③拆模时用力过猛过急，可能会导致模板损坏，而且当模板与混凝土黏结牢固时，还可能会破坏结构。

④拆模过早，混凝土强度还未达到设计要求，不仅影响渡槽的外观和使用，而且也给拆模工作带来很大困难。

⑤使用未经检查、维护的模板，模板的质量和使用性能没有保证，会给施工带来更多的不确定性，使危险系数加大。

2. 风险控制重点

模板施工过程中，须重点防范高处坠落伤害、机械伤害与物体打击伤害。

①严禁使用未经检查、维护的机械设备，以防发生机械伤害。

②模板拆除时，结构混凝土强度应满足设计要求或规范规定，严禁过早、用力过猛过急地拆除模板，以防损毁结构和发生物体打击伤害。

3. 风险控制技术

①板缝之间要夹放海绵胶条，以防止板缝间跑漏灰浆。

②拆模时禁止用力过急，拆下来的木料、螺钉要及时运走，集中放置，以防丢失。

③当混凝土强度能保证其表面及棱角不因拆模而受损时，即可拆除侧模板。

④就地浇筑渡槽时，脚手架、模板及施工平台应安装牢固，并对受力杆件进行检查核算，通道及平台周围应设防护。

⑤模板采用复合木模板或钢模板，保证模板的强度、刚度、稳定性满足使用要求，可以有效地承受浇筑混凝土的重量、侧压力及施工荷载。

（四）混凝土施工

1. 风险分析

①作业人员在喷射混凝土时，喷口前方有其他施工人员，可能导致物体打击伤害。

②作业人员在喷射混凝土时，未佩戴安全帽、口罩等防护措施，很可能导致物体打击伤害。

③喷射设备发生故障时，如作业人员未立即进行检查，混凝土可能会突然喷发而出，导致物体打击伤害。

④喷射过程中，碾压、踩踏管路，轻者可能会使喷射头方向不受控制，严重时可能会踩爆管路，给施工带来困难

⑤混凝土的水胶比设计不符合要求，导致混凝土过湿或过干，给喷射操作带来困难，并且导致混凝土强度达不到设计要求。

⑥混凝土养护温度、湿度和养护时间不符合要求，可能会导致混凝土的抗压、抗剪强度有所下降，从而影响结构的耐久性和稳定性。

2. 风险控制重点

混凝土施工过程中，须重点防范物体打击伤害。

①严禁喷射混凝土过程中碾压、踩踏管路，以防发生踩爆管路的事故。

②喷射混凝土时，喷嘴不得面对有人方向，以防发生物体打击伤害。

③混凝土浇筑应严格控制水胶比，以防发生混凝土过干或过湿现象。

④喷射混凝土过程中，应设专人指挥，专人操作喷射设备，喷射机发生故障时，应先停风、水后再处理，以防发生物体打击伤害。

3. 风险控制技术

①喷射混凝土过程中，作业人员应正确佩戴安全帽、口罩等防护用品。

②喷射混凝土作业前应检查现场环境、管路、接头、压力表及安全阀。

③混凝土在养护时，应确保其表面湿度、温度适宜，且养护时间不得少于14d。

④对渗水的坑壁，喷射顺序应由上而下，喷射混凝土终凝2h后，应进行湿润养护。

⑤混凝土采用机械拌制、机械振捣，浇筑前要对沙石骨料、水泥进行检验，严格按混凝土配合比施工。

⑥对无水或少水坑壁，喷射顺序应由下而上，每次下挖后应及时喷护，喷射混凝土终凝2h后，应进行湿润养护。

⑦尽可能在施工地点拌制混凝土，如确需运输混凝土时，运输时间不得超过 20min，若混凝土发生离析、泌水或坍落度不符合要求时应进行废弃。

（五）槽身施工

1. 风险分析

①成槽机、起重机工作时，吊臂下站人，可能导致物体打击伤害。

②高处作业人员不按规定佩戴劳动防护用品，可能导致高处坠落伤害。

③起重吊装作业中有违规操作，轻者可能会使机械设备出现故障，影响施工进度；重者机械设备可能碰撞到施工人员，导致人员伤害。

④预制的渡槽梁在起吊、架设时，可能与墩台及已架设好的渡槽梁发生碰撞，轻者可能会损坏渡槽梁的部分结构，严重时可能导致整个梁报废。

⑤跨越公路、铁路施工时无防护措施，可能会导致车辆撞击构筑物，而且施工过程中掉落下来的重物可能会砸伤行人、车辆，导致物体打击伤害和车辆伤害。

⑥保护设施不齐全、监护人员不到位时，作业人员下槽、孔内清理障碍物，若没有佩戴好安全绳等防护措施，可能发生高处坠落伤害。

2. 风险控制重点

槽身施工过程中，须重点防范高处坠落伤害、物体打击伤害和车辆伤害。

①成槽机、起重机工作时，吊臂下严禁站人，以防发生物体打击伤害。

②高处作业人员要佩戴好劳动防护用品，系好安全绳，以防发生高处坠落伤害。

③渡槽施工过程中，若其下有行人、车辆通行时，应采取防护措施，以防发生物体打击伤害。

3. 风险控制技术

①预制的渡槽梁在起吊、架设时，应防止其与墩台及已架设好的渡槽梁发生碰撞。

②跨越道路施工时，应使用防护棚等防坠落设施，以防止落物伤及行人和车辆。

③跨越道路施工时，行车道前方应设置限位门架，禁止超高、超宽车辆通行，支架、支墩应设置防撞墩加以保护。

④起重吊装作业时，禁止无关人员进入现场。

⑤两台起重机同时起吊时，必须注意负荷分配，每台起重机分担的负荷不得超过该机的 80%，以防任何一台负荷过大造成起重事故。

三、桥面及附属工程施工安全技术与风险控制

（一）桥面施工安全技术与风险控制

1. 风险分析
①在桥面系施工前，存在上下行桥之间空隙处未布设安全网的不安全状态。
②存在将桥面物件及垃圾抛往桥下的不安全行为。
③砌体施工时，存在抛掷、快速滚动等不安全行为。
④存在桥面无防风措施、未设置防坠落措施等不安全状态。

2. 风险控制重点
①在桥面系施工前，严防上下行桥之间空隙处未布设安全网的不安全状态，以免造成高坠落伤害。
②杜绝将桥面物件及垃圾抛往桥下的不安全行为，以免造成物体打击伤害。
③砌体施工时，严防抛掷、快速滚动砌体等不安全行为，以免造成物体打击伤害。
④严防无防风措施、未设置防坠落措施等不安全状态，以免造成高处坠落伤害。

3. 风险控制技术
①桥面系施工前，上下行桥之间空隙处应满布安全网。
②反开槽安装的伸缩装置在槽口应临时铺设钢板或沙袋，并应在开槽处设置警示标志。
③桥面垃圾、冲洗弃渣等应集中收集后运往指定地点，不得直接抛往桥下。
④混凝土防撞护栏的施工应符合下列规定。
第一，装配式梁桥防撞护栏施工前，边梁应与中梁连接牢固。
第二，单柱墩桥梁防撞护栏应两侧对称施工。
⑤砌体施工时，石料应堆放稳固。
⑥往桥面吊运物料时，应严格遵循起重吊装的安全规定。
⑦围栏、吊篮安装应采用跨度不大于2m的挂钩脚手架，脚手板固定在脚手架上。
⑧施工期间，桥头应封闭或派人看守，禁止与施工无关人员上桥。

（二）声屏障施工安全技术与风险控制

1. 风险分析
①存在吊臂、吊绳、起吊材料可能触碰带电线路的不安全状态。

②存在将机具、材料放置在桥两边防撞墙上的不安全行为。

③存在声屏障随意码放的不安全行为。

④存在起吊前未详细检查吊具的不安全行为。

2. 风险控制重点

①脚手架防护栏杆上要铺设毛毯，严防屏体安插时工人与之硬性碰撞，以免造成人身伤害。

②安装声屏障时，严防无防风、防坠落措施的不安全状态，以免造成物体打击伤害和高处坠落伤害。

③严防吊臂、吊绳、起吊材料触碰接触电线，以免造成触电伤害。

④杜绝与作业无关人员上桥，以免造成各种意外伤害。

⑤严防作业人员将施工机具及材料放置在桥两边防撞墙上的不安全行为，以免高处坠物伤人。

3. 风险控制技术

①现场起吊作业应配备专人防护，严防吊臂、吊绳、起吊材料触碰接触电线。

②施工机具及材料严禁放置在桥两边防撞墙上，以防高处坠物伤人。

③声屏障应码放整齐，起吊时应仔细检查吊具。钢丝绳表面磨损或腐蚀超过断面的10%时应予以报废，不得继续使用。

④屏体向立柱槽中安插时应有防止屏体和人员坠落的高处作业安全防护。

⑤作业人员安全带系扣在脚手架上部，脚手架护栏上要铺设毛毯，防止屏体安插时作业人员与之硬性碰撞，造成人身伤害，同时也保护屏体不受碰撞引起的质量问题。

⑥声屏障施工应注意以下两点。

第一，单元板存放、运输及装卸过程中，应保证板正立，使用临时支架应保证单元板不受损伤。装卸时各吊点或支点应受力均匀，各吊点或支点应位于同一平面。

第二，声屏障安装时应有防风、防坠落措施，桥下应设防护。

⑦施工期间，桥头应封闭或派人看守，禁止与施工无关人员上桥。

（三）附属工程

1. 风险分析

①砌筑片石锥体护坡时，作业人员若使用将片石从上面往下翻滚的方法搬运，则滚动的片石可能砸伤作业人员，也可能砸毁机具。

②砌筑锥体护坡时，作业人员若将手脚伸入拼砌面以试探是否对齐时，可

能被片石挤伤。

③进行护栏施工时，在桥边缘处若不挂设防护网，则可能造成施工人员坠桥。

2. 风险控制重点

①砌筑片石锥体护坡时，杜绝将片石从上面往下翻滚的不安全行为。

②吊运石料时，严防违章起重作业的不安全行为，以免造成起重伤害。

3. 风险控制技术

①休息时严禁人员在桥护栏边坐卧休息、嬉戏、打闹。

②砌筑片石锥体护坡时，严禁将片石从上面往下翻滚。

③砌筑采用人工抬石就位时，应捆绑牢固，动作一致，缓慢下放。砌块应用撬棍拨移，工人不得将手脚伸入拼砌面。

④物件吊装时，要使用缆风绳，捆绑牵引，保证吊装物件不在空中打转。

⑤进行护栏施工时，应在桥边缘处挂防护网，以防人员、物件坠落，发生事故。

⑥采用小型吊运机吊送石料至砌筑面时，吊运机机座应固定牢靠。石料吊送到砌筑面时，施工人员应避让。

⑦砌筑桥台护坡时，应采用马凳及跳板等配合施工，马凳应摆放牢靠。

第四节 桥梁施工的质量通病与防治

一、锤击沉桩质量通病及防治

沉桩施工中常见问题、原因和一般处理方法，详细参见表7-1。

表7-1 沉桩施工常见问题和处理方法

序号	问题	原因	处理方法
1	桩贯入度突然减小	桩在由软土进入硬土时遇到石块	查明原因后再进行处理，不能在没要查明原因前硬打
2	桩贯入度突然加大，随之发生倾斜	桩身发生损坏，桩尖受损劈裂，接头产生断裂	管桩用灌水法，铁钩、电钳、照明等方法探明，如探不明则应拔桩后处理
3	桩发生倾斜和位移	①桩尖遇到障碍物且不对称；②桩接头错动，桩顶不够平坦	①拔出桩尖和接头；②削平桩顶加固

续　表

序号	问题	原因	处理方法
4	桩不下沉，桩身颤动，锤回跳	桩尖遇到障碍物时导致桩身弯曲	①在桩尖遇到障碍物时，移动桩位，加装铁靴，并运用射水进行配合；②桩身弯曲过大时，需要换桩
5	桩身涌起	软黏层中，先打入的桩随土的涌起而涌起	涌起量过大时，需要做好冲击试验，不合格的桩需要重新打
6	桩顶破裂或桩身开裂	桩顶混凝土质量太差，桩顶面与桩轴线不垂直，未安装桩顶帽或没有缓冲垫等	木桩可截桩顶重做，混凝土桩若由于法兰接触面处不牢，主筋与法兰、桩尖焊接不牢，吊点位置和码放支点不正确等原因造成，则须分别预防和纠正，特别是在施工前应预先采取有效措施，以防管桩断裂

二、射水沉桩质量通病及防治

射水沉桩常见问题、原因及预防与处理方法见表7-2。

表7-2　射水沉桩常见问题、原因及防治

序号	问题	现象	原因	防治方法	备注
1	桩下沉发生困难	桩由正常下沉变为不易下沉，锤击时桩身会发生颤动并且桩锤有回弹的现象	桩尖进入坚硬土层或遇到障碍物	适当进行锤击看是否能够穿越障碍物继续下沉，不要强硬进行锤打。可以在击打时将桩拔出，检查桩尖是否有碰到障碍物的痕迹，如果没有则需要移动桩位	—
		桩下沉越来越缓慢，除了有回弹现象外没有其他现象	一般是由于桩周土层的摩阻力过大产生的	加强水压增大射水量，不要硬打，并且可以添加外射水，或者改用桩锤	—

157

续 表

序号	问题	现象	原因	防治方法	备注
2	桩突然急剧下沉	当桩位正直无变化，在开始急剧下沉前，亦无锤击过猛，射水过多，或无桩身颤动等情况	桩穿过密实土层后进入软弱土层，亦可能因射水时间过长，桩尖下已冲空较大	一般可继续下沉，加强观察，但若当桩已接近设计入土深度时，则应考虑改变设计将桩加深，或增加桩数	—
		桩经过大量猛烈锤击以后突然下沉，或桩有偏斜现象	可能桩已断裂弯折	应即停止下沉，分析情况采取措施，或拔出后换桩重打，或另加桩	—
3	桩周停止翻水	水从邻桩处或桩顶空心内涌出	①桩周身被土塞满，导致桩难以下沉或下沉缓慢；②射水量不足，水压偏低，或是在锤击桩尖强行穿过密实土层	可加大射水压力、水量和延续射水时间并配合轻慢锤击或震动，或另加外射水，周围上翻如对桩下沉无大阻碍时，可不进行处理	—
4	内射水管被顶起，且大量向外涌水	同右	射水嘴缩入桩内或被顶起	立即停锤，摇动射水管并且使劲下插，继续注水，如果桩入土不深时，可以将桩向上提少许，这样能使射水管落入桩尖。如果仍未解决，可以将射水管改为外射水或者单用锤击或震动	—
5	桩不下沉，桩内涌出大量清水	—	射水管漏水或在桩内断裂	检修射水管	—
6	涌水由浑变清	—	①射水时间过长；②桩已沉入卵石或砾石层	可以采取锤击进行配合	—

续 表

序号	问题	现象	原因	防治方法	备注
7	停止涌水	这时射水管无流水声音和感觉	桩在工作时突然下沉，使桩尖碰到坚硬的石层，致使射水管被堵死或被压扁，胶管胀紧并发生颤动，水压表指针上升、摆动	提取少许射水管，如果仍然不通需要拔出射水管进行检修	—
		水流不通	桩管弯折，导致水管亦弯折压扁，所以造成水流不通	将射水管拔出进行检修	—
		停水后，射水嘴涌入泥沙堵塞	停水过急或接桩时停水时间过长所致	缩短接桩时间或者将水缓慢停止	—
		射水管内流水正常，压力表指针正常稳定，但不向上涌水	水由渗水层流失	如果下沉困难可以增大射水量或添加外射水管作为辅助	—
8	射水管拔不出	涌水量小且桩周围不涌水、涌出泥沙量少，桩在下沉时速度较慢并且会发生停止的现象	由于桩内下端在停水后会出现淤塞，淤塞堵住射水管	当桩内被淤塞堵住后可以另外在桩内插入射水管，射水将淤塞击出，拔出射水管	—
9	水量与水压不足	影响安放在地面的沉桩设备下沉	水泵设备能力不足，或管路有渗漏，管路内有障碍使水不畅通，或吸入空气进入水管或泵壳内等	①随时检查维修管路和机械设备；②保持水源清洁和适当水位；③开放水泵的放气阀，放出空气；④使用的管路不适合土质情况，如在沙土或沙夹砾石土层内，需较大水量时，应用稍大的水管，反之在坚硬黏土层内，需较大水压时，则应用稍小的水管或射水嘴	—

续 表

序号	问题	现象	原因	防治方法	备注
10	涌水后地面下沉	—	由于沙土大量随水流失所致	应事先估计土层下沉影响范围来布置脚手平台，施工中应随时检查、加固和修理，桩架下的垫木应采用长木料或加设钢轨加固	—
11	射水不均衡造成沉桩的倾斜或移位	—	使用外射水时，两边对称的射水管中的水量，水压不均衡，或两侧土质软硬不均，均可能使基桩走向软弱的一侧，先下沉的基桩一侧土受破坏较大，虽经恢复，仍有差别，也可导致后下沉桩的偏斜或在下沉斜桩时土被冲松，由于桩身自重亦将使其倾斜	①对称地安设外射水管，并注意掌握水量、水压的均衡；②插桩时预先偏向较坚实的一侧，具体偏移尺寸应视土质和实际经验确定，并在施工过程中不继验证修正；③在已偏斜的反方向增加射水水量、水压，进行校正	—

三、振动沉桩质量通病及防治

（一）桩身产生横向裂纹

振动沉桩时由于受震动的影响有上拔力，上拔力会使混凝土产生横向裂纹，将桩的接头螺栓震松。因此，在施工时既要选择合适的锤，也要控制振动时间，振动时不宜过猛，振动时间不宜过长。

（二）桩机电机损坏

振动沉桩机上的电动机在施工过程中很容易损坏，为了避免电动机在施工时损坏，要经常对其进行查看检修，并且在使用后进行保养，在使用时要合理，并且需要有电机修理技工进行维修和保养。

（三）桩下沉困难

当桩基土层含有大量卵石或碎石或破裂岩层时，如采用高压射水振动桩仍难下沉时，可将管桩锥形桩尖改为开口桩靴，并用振动吸泥下沉（桩内设吸泥机配合吸泥），但注意要有足够的水压强度以破坏岩层。

第八章 公路施工的质量评价

公路施工的质量评价用于公路工程质量检验评定，主要适用范围为公路工程质量相关部门的检查与认定，也适用于施工单位的自行检查与分项工程的交接与验收。本章就围绕公路施工的质量评价，从公路施工的质量评价概述、路基施工的质量评价、路面施工的质量评价以及桥梁施工的质量评价这四个方面进行重点论述。

第一节 公路施工的质量评价概述

一、工程项目概述

公路施工的工程项目是按照现行的《公路工程质量检验评定标准 第一册 土建工程》（JTG F8011—2017）实行的。这部文件作为公路工程质量监控、管理预验收的文件是具有法律效力的，它可以作为多项工程交接与验收的标准，也是公路工程竣工验收质量评定的依据。

其主要适用于三级及三级以上公路的新建与改建工程。对于四级公路，要根据现实情况，考虑到工程规模、施工组织形式、技术设备等因素，可以按照规定实施严格的质量管理与控制，必须要按照规定参照使用。

在现实中由于建设任务与施工管理、质量控制的具体需求不同，建设项目可以划分为三级，即单位工程、分部工程与分项工程。

在建设项目中，根据业主的相关要求与签订合同的具体要求，将具有独立施工条件可以单独作为成本计算的对象作为单位工程。单位工程主要分为六类，如下所示。

①桥梁工程。
②路基工程。

③路面工程。

④隧道工程。

⑤互通立交工程。

⑥交通安全设施类工程。

在分部工程中，按照不同的施工材料、施工的工序等因素可以划分出不同的分项工程。在单位工程中，按照施工的特点与施工的任务可以划分出不同的分部工程。

施工单位应该按照相关的规范将工程进行划分，质量监督部门可以按照相关的工程划分进行工程质量等级评定。工程划分作为一种参照标准，可以为不同的部门提出参考建议。

二、工程质量的评分方法

施工单位在各个分项工程竣工之后，按照规定，对比《公路工程质量检验评定标准 第一册 土建工程》（JTG F80/1—2017）的基本要求进行自我检查。根据分项工程质量检验评定表，提交自行检查的结果资料。监理工程师应该按照相关规定要求对工程质量进行检查，对于施工单位自我检查的资料进行确定与检查，并进行评分。质量监督部门根据抽查的资料进行分级评定，最后作为竣工验收评定等级的依据。

公路工程质量检验评分以分项工程作为评定单位，实行满分为100分的评分方法，在分项工程评分的基础之上，按照一定的顺序分别计算相应分部工程、单位工程及建设项目的单位工程的评分值及优良率。

（一）分项工程评分方法

分项工程质量检验的主要内容分为四个方面，即基本要求、实测项目、外观鉴定以及质量保证资料。分项工程质量进行检验评定的前提是，施工中使用的材料，半成品与成品，施工的工艺符合基本要求规定，外观没有严重缺陷与损害，质量保证资料真实而齐全，这几项内容不是满足其中之一就可以，而是需要全部满足，这样才可以进行分项工程质量检验评定。

分项工程实测项目的分值总和为100分，外观存在缺陷或者是资料不真实或者是不齐全的情况，需要根据具体情况，按照相关标准进行扣分。分项工程的评分，简单来说就是实测项目中各项检查项目的分值总和，除去扣除外观缺陷与资料不全的分值。

1. 基本要求检查

按照各分项工程所有的基本要求，进行逐项检查，经过检查发现有不符合基本要求规定的，不可以进行工程质量检验与评定。基本要求检查使相关人员与单位对施工质量的基本情况有了一定的了解，也会影响到后期的工作安排。

2. 实测项目

实测项目的检查一般采用对规定项目现场抽样的方法，按照规定频率与相应的计分方法对分项工程的施工质量进行直接检测评分。主要评分方法有以下两种。

（1）合格率评分方法。

除去按照数理统计评分方法的项目，其他项目都要按照合格率评分方法进行评定。通过该方法得到的检查项目评定分数就是检查项目规定分数的合格率。

（2）数理统计评分方法。

数理统计评分方法适用于路基路面的压实度、水泥混凝土抗压、弯沉值、路面结构等的评分评价。

3. 外观缺陷扣分

检测人员对工程的外表状况进行检查的时候，发现外观有问题，应该按照实际情况与相应的标准进行减分。如果外观存在严重的缺陷与损坏，施工单位需要对此采取相应的措施进行处理与补救。

4. 资料不全扣分

分项工程的施工资料与图表如果出现有资料不齐全或者是图表缺乏相应数据，甚至是修改、伪造相关的资料或者是图表的，该工程不可以进行检验与评定。资料不齐全应该根据情况，每项扣除分值为1～3分。

（二）分部工程和单位工程评分方法

分部工程与单位工程的评定方法基本上相同，它们都会采用加权平均值的计算方法来确定最后的评分值，只是赋予不同的工程的权值不同而已。

（三）建设项目工程质量评分方法

建设项目工程质量评分主要是用单位工程优良率与建设项目工程质量评分值这两个指标来进行评定。

（四）施工单位应提交的质量保证资料

施工单位应保存完整的施工原始记录及相关数据，并确保提交资料的完整性与真实性。监理工程师负责提交完整的监理资料。质量保证资料主要包括以下几方面的内容。

①施工材料的配比、搅拌、加工、控制的检验数据与测试结果。

②地基处理结果。

③使用原材料、半成品与成品材料的质量检测结果。

④每一项质量控制指标的测试记录与质量检验图表。

⑤施工过程中遇到的困难及棘手问题记录，对工程质量影响的相关分析。

⑥施工中出现的质量事故，经过处理之后，达到规定要求认可的相关证明。

三、工程质量等级评定办法

工程质量的评定等级分为三种，即优良、合格、不合格。根据工程项目的不同进行逐级评定。

（一）分项工程质量等级评定

分项工程评分标准为 70 分为及格线；70 分以下视为不合格；70 分以上，85 分以下视为合格；85 分以上视为优秀。如果某工程经过质量监督部门检查评定的分数为 70 分以下，是需要施工单位进行返工、整修、加固的，当达到相关的标准之后，再重新进行质量等级评价，并且达标之后只能判定为合格。

（二）分部工程质量等级评

分部工程评为优良的条件是各个分项工程全部合格，加权平均分在 85 分以上，所包含的主要分项工程全部评价为优良。

分项工程全部合格的条件是加权平均分为 85 分以下，分部工程评定为合格。分项工程没有全部达到合格标准，则分部工程视为不合格。

（三）单位工程质量等级评定

优良：下属所有分部工程全部合格，加权平均分在 85 分以上，所包含的主要分部工程评价为优良。

合格：加权平均分在 85 分以上，主要分部工程没有全部达到优良。

不合格：分部工程没有全部达到合格标准，单位工程质量不合格。

（四）建设项目质量等级评定

建设项目工程质量的等级评定，一般采用单位工程优良率与建设项目工程质量评分值双指标进行控制。

建设项目中的所有的单位工程全部合格，工程质量的等级被评定为合格。

建设项目内所有的单位工程全部合格,单位工程的优良率不少于80%,并且在建设项目中的工程质量评分不能低于85分,工程质量的等级则可以被评定为优良。但只要是其中任意一项工程不合格,就视为工程质量不合格。

四、抽样检验的评定方法

抽样检验的目的就是随机抽取样本,根据样本取得的质量数据来推测与样本同一批次产品的质量或者工序的情况,然后进一步推测产品质量与工序是否合格。

在同一批产品中,随机抽取样本数,有规定的允许不合格判定数,还有抽取样本中的不合格数量,如果抽取样本中的不合格的数量小于等于抽样中允许不合格数量,则该批产品合格。如果抽取样本中的不合格数量大于抽样中允许不合格数量,就可以说明这批产品不合格,不符合验收的标准。

五、按数理统计方法进行评定的项目

(一)路基、路面压实度评定

一般来讲,路基、路面基层的压实度要按照重型击实标准。对于特殊地域的土质,还有铺筑中级或者是低级路面的三、四级公路的路基,需要按照路基设计施工规定的压实度进行评定。

路基、路面的压实度的评定单元为 1~3km 长的路段。评定时根据相关标准的检测频率进行现场压实度抽样检查,计算出每一测试点的压实度。粗粒土与细粒土的压实度采用的检测方法既有不同之处,也有相同之处。粗粒土及路面的压实度一般采用钻孔取样蜡封法或者是灌沙法,细粒土的压实度一般采用灌砂法与环刀法。它们的相同之处就是都可以采用灌沙法。

(二)水泥混凝土弯拉强度评定

水泥混凝土弯拉强度评定的方法一般有两种,即劈裂法与小梁法。一般规定试件的养护时间为28天。每200m^{3}混合料制作2组试样,每组以3个试件的平均值作为一个统计数据,进行评定。

(三)喷射混凝土抗压强度评定

喷射混凝土强度的合格标准为同一批试件组数大于或者等于10,试件抗压强度的平均值不能低于设计值,每一组的试件抗压强度不能低于0.85的设计值;如果同一批试件组数小于10,试件抗压强度平均值不能低于1.05倍的设计值，每一组的试件抗压强度不能低于 0.9 倍的设计值。在实测项目中，喷射混凝土抗压轻度的评定只有两种结果，一种是合格，一种是不合格。合格是满分，不合格是零分。

（四）水泥砂浆强度评定

水泥砂浆强度评定的实测项目与喷射混凝土抗压强度评定的结果一样，只有合格与不合格。

水泥砂浆强度的评定还是以标准养护 28 天的试件为标准，取试件边长为 7.07cm 的立方体，6 件为一组，组数应该符合下面的相关规定。

①不同强度等级及不同配合比的水泥砂浆应分别制取试件，试件应随机制取不得挑选。

②重要及主体砌筑物，工作班制取两组。一般砌筑物，工作班制取一组。

③任意一组试件的强度最低值不能低于设计强度的四分之一。

④拱圈砂浆应同时制取与砌体同条件养护试件，以检查各施工阶段强度。

⑤水泥砂浆强度的合格标准为同标号试件的平均强度不低于设计强度等级。

（五）路面结构层厚度评定

评定路段内路面结构厚度时按照代表值允许偏差与单个测定值的允许偏差进行，并且采用钻取芯样的方法。

路面结构层厚度评定标准为高速公路、一级公路的基层和底基层为设计值的 99%，面层为设计值的 95%；其他类型的公路，基层、底基层为设计值的 95%，面层为设计值的 90%。

当厚度代表值大于等于设计厚度减去代表值允许偏差时，则按单个检查值的偏差是否超过极值来评定合格率和计算应得分数。当厚度代表值小于设计厚度减去代表值允许偏差时，则厚度指标评为零分。高速公路和一级公路还应进行上面层厚度的检查和评定。

第二节 路基施工的质量评价

一、路基土石方工程质量检查项目

（一）一般规定

土方路基与石方路基的实测项目按照相关技术指标的规定值，设定为高速公路，一级公路与其他公路。

路肩工程作为路面工程的一项分项工程，应该进行检查评定。不管是土方路基还是石方路基都需要按照双车道公路每一检查段内的最低检查频率，多车道公路按照实际的车道数量与双车道之比，要适当增加检查数量。

（二）土方路基

1. 基本要求

第一，路基必须要分层填筑压实，保障每一层的表面都要平整，排水良好。

第二，施工过程中面对排水问题，应该在设计阶段就考虑到排水问题，不能出现路基附近积水现象。

第三，路基填料的强度应该符合设计规定与相关规范。不能使用与规范不符合的土料进行填充。

第四，在路基用地及取土坑范围内，对不相关的事物应予以清除，并对基底进行认真处理，使之符合相关规定。

2. 外观鉴定

第一，路基表面平整无杂物，边线直顺。不符合这些要求时，单项累计长度，每 50m 扣除 1～2 分。

第二，路基边坡平顺稳定，曲线圆滑。不符合规定要求，扣除 1 分或者是 2 分。

第三，取土坑、弃土堆、护坡道与碎落台的位置正确，外形整齐，没有杂物，可以预防水土流失。与规定要求不符合时，每一处扣除 1 至 2 分。

（三）石方路基

1. 基本要求

开炸石方的施工方法可以保障边坡稳定，清理有安全隐患的石块，避免出现因过量引爆危害自然环境的情况。

2. 外观鉴定

第一，上边坡不能出现松石，有松石扣除 1 分或者 2 分。

第二，路基边线需要直顺，曲线圆滑，不符合相关规定，单向累计长度每 50m 扣除 1～2 分。

（四）软土地基

1. 基本要求

（1）换填地基。

换填地基的填筑压实要求与土方路基的要求相同。抛填方向应该根据软土下卧层横坡来设定。片石露出水面或者是软土面，应该采用较小的石块来填塞垫平，压实之后再铺设反滤层。

（2）沙垫层。

沙垫层的规格与质量要严格按照设计要求与施工要求来执行，不能使用与规定不相符合的产品。

适当加水，分层压实，沙垫层的厚度及其上设置的反滤层应该符合设计要求。

（3）反压护道。

反压护道的填筑材料及护道高度与宽度应该符合相关的设计要求，压实度不能低于 90%。

（4）袋装砂井、塑料排水板。

沙的质量、性质、规格，沙袋织物的质量与塑料排水板的质量要符合设计要求，井底标高必须要符合设计的要求。

（5）碎石桩。

首先要选择符合规范的碎石材料，在设置碎石桩的过程中，应该进行相关测试，然后分批次加入碎石，并随时关注振密挤实效果，防止出现与规定不相符的现象。

（6）沙桩。

沙料的质量与性质应该符合设计要求，沙的含水量应该经过成桩方法确定，合格之后进行下一步工序，桩体应该完整、连续。

（7）粉喷桩。

与沙桩的含水量实测的方法一样，粉喷桩的技术参数同样需要进行成桩测试，对于喷粉的时间及水泥的喷入量要有明确规定，以确定喷粉桩的长度。

还要对大约三分之一的桩深进行二次搅拌，确保桩深质量，如果喷粉的数量不充分，则应该进行整桩的复打。

2. 外观鉴定

第一，沙垫层表面出现坑洼不平的现象，应该扣除1～2分。

第二，碎石桩、粉喷桩间距不均匀，每处扣除1～2分。

第三，袋装砂井或者是塑料排水板之间的距离不均匀，扣除1～2分。

（五）土工合成材料处置层

第一，土工合成材料的质量应该符合设计要求，外观没有损坏、污染现象。

第二，土工合成材料出现重叠或者是皱褶不平顺的情况，应该根据情况扣除1～2分。

第三，土工合成材料出现松动现象，应该扣除1～2分。

第四，土工合成材料由中央向两侧填土，每次扣除1～2分。

二、排水工程质量检查项目

（一）一般规定

第一，排水泵开挖基础需要按照砌体或者混凝土浇筑标准来进行。

第二，排水工程应该按照相关设计要求与施工规范来严格执行。由于施工的地形不同，排水工程的位置也有不同安排，以确保将地面水与地下水排出路基之外。

第三，排水工程应按照浆砌排水沟的标准进行评定。

（二）管道基础及管节安装

1. 基本要求

第一，每一节管材都需要检查，不符合规定的不能使用。

第二，管节铺设应当遵循稳定与平顺要求，管内不得出现杂物，应该保持清洁。

第三，基础混凝土的强度应该在5Mpa，低于这个标准不可以进行管节铺设。

第四，管口内的缝沙不能出现裂缝与空鼓的现象，否则应该进行及时处理。

第五，设计中的防渗漏的排水管必须要做渗漏实验，对于渗漏量有明确的要求。

第六，抹带前管口必须要干净，抹带后要求及时覆盖养生。

2. 外观鉴定

管节铺设规范，没有凸起的地方。管口的缝带圈要求平整紧实，没有裂开或者是脱落的现象。如果不符合上述的要求，每一处扣除 1 分或者是 2 分。

管道基础混凝土的表面要求平整紧实，侧面的蜂窝不能超过表面积整体的百分之一，最大深度为 10mm。如果违反相关规定，会减掉 1～3 分。

（三）检查井砌筑

1. 基本要求

第一，井基混凝土的强度为 5Mpa，作为砌筑井体的基础标准，这时才可以进行砌筑。

第二，井盖与井框安装必须要符合要求，井口周围不能存在积水。

第三，砌筑砂浆的配合比应该符合要求，不同类型的井有不同要求。

2. 外观鉴定

第一，井内没有明显突起，平整顺滑，分布均匀，与要求不相符合之时，最多扣除 2 分。

第二，井内的砂浆抹面没有裂缝，砂浆抹面完整，与相关的要求不相符之时，最多扣除 2 分。

（四）土沟

1. 基本要求

第一，土沟的整体没有明显突起，边坡必须完整与稳定。

第二，沟底应该完整与稳定，不允许出现杂物，保持排水完整与通畅。

2. 外观鉴定

不允许出现排水不畅的情况，否则影响外观，每一处最多扣除 2 分。

（五）浆砌排水沟

1. 基本要求

第一，砌体抹面不允许出现突起、弯曲、反光，更不能出现裂缝与空鼓等现象。

第二，基础中的缩缝与墙身的缩缝要对齐。

第三，浆砌排水沟相关材料的使用规范与设计要求相一致。

第四，砌体砂浆的配合比例与要求相一致。

2. 外观鉴定

第一，沟底不允许出现杂物，与要求不相符，最多扣除 2 分。

第二，砌体的内部与沟底应该保持平稳与顺滑，不符合要求，减 1～2 分。

（六）盲沟

1. 基本要求

第一，盲沟的设计与规定要求相一致，材料的性质、质量、设计要求与施工规定相一致。

第二，排水层的填筑材料应该选择石质坚硬的颗粒材料。

第三，反滤层应该选择渗水性材料进行分层填筑。

2. 实测项目

实测项目如表 8-1 所示。

表 8-1　盲沟实测项目

项次	检查项目	规定值	检查方法和频率	规定分
1	沟底纵波	±1	水准仪：每 10～20m，测 1 点	50
2	断面尺寸	不小于设计	尺量：每 20m 检查一处	50

3. 外观鉴定

第一，反滤层的层次清晰，与要求不相符，扣除 1 分或者 2 分。

第二，进出水口排水不堵塞，如果出现堵塞应该及时清理，并扣除 1～2 分。

三、防护与支挡工程质量检查项目

（一）一般规定

挡土墙分为两种类型，一种是大型挡土墙，另一种是一般挡土墙。大型挡土墙的平均墙高度大于等于 6m，还要求墙身面积大于等于 1 200m²，大型挡土墙可以视为分部工程进行评定。一般挡土墙，平均墙体高度要小于 6m，墙身面积小于 1 200m²，视为分项工程进行评定。

大型砌体或者混凝土挡土墙可以分为两个分项工程，基础与墙身。墙身应该按照相关标准进行评定，基础则是按照砌体与混凝土浇筑的相关标准进行评定。

一般挡土墙按照相关规定要求进行评定；一般加筋挡土墙可以按照加筋挡土墙的总体标准进行评定。

挡土墙路段的路基压实度要按照一般路基的相关要求进行评定。砌石工程的标准，可以用于桥梁工程。

（二）砌石、混凝土挡土墙

1. 基本要求

第一，地基与规定的要求相一致。

第二，石料的性质规格与相关的要求相符。

第三，砌石分层错缝。

第四，混凝土的配置比例与试验的要求相符合。

第五，墙背填料与设计要求及施工要求相一致。

第六，沉缝和泄水孔的数量要与规定要求符合。

2. 外观鉴定

第一，泄水孔不出现堵塞的现象，如果堵塞应该及时进行清理，不符合相关要求扣除3～5分。

第二，砌体整体坚固勾缝平整，不得出现脱落，与要求不相符合，减1分或者3分。

第三，沉降缝要求整齐流畅，上下贯通，不能堵塞，与要求不相符合扣除3～5分。

（三）加筋土挡土墙

1. 基本要求

第一，地基与规定的要求相符合，基础与桥梁的相关要求相符合。

第二，拉筋强度与质量的规格要与设计要求相一致。

第三，使用拉筋的过程，应该进行及时防护处理。

第四，预制面板的强度和质量与规定的要求相符，在合格之后可以进行使用。

第五，填料的规则与压实度，有严格规范，并需要认真落实执行。

第六，拉筋与面板拉筋连接必须要稳定。

2. 外观鉴定

第一，整体墙面板要完整没有破损，平顺美观，板缝均匀，与要求不相符合，减1～3分。

第二，墙面直顺，线形合适，与要求不符合减1～3分。

第三，沉降缝顺直，连通，要求不相符扣除3～5分。

（四）锥坡、护坡

1. 基本要求

第一，石料的质量与性质与要求相符合。

第二，浆砌的砂浆的配合比例与试验要求相一致。

第三，锥坡与护坡的基础填埋深度与填土密实度要符合设计要求。

2. 外观鉴定

第一，表面整体平整，没有垂直通缝，与要求不相符合，根据实际情况减 1～3 分。

第二，勾缝平顺，没有明显突起，没有脱落现象，与要求不相符合，扣分情况，与第一条相同。

（五）砌石工程

1. 基本要求

第一，石料质量规则与规定要求相符合

第二，砂浆的配合比例与试验规定相符合。

第三，浆砌时作浆挤紧，干砌时不出现松动、叠砌和浮塞的现象。

2. 外观鉴定

第一，砌体稳定、牢固，边缘直顺，与相关要求不符合减 1～3 分。

第二，勾缝平整顺直，缝宽相同，没脱落现象，不符合要求与上一条扣分相同。

第三节　路面施工的质量评价

一、路面基层质量评定方法

（一）基本规定

路面基层与底基层的实测项目规定值或者是允许偏差按照高速公路、一级公路与其他公路的要求进行设定。

各类基层和底基层压实度平均值的代表值和单点极值不能超过规定值，小于代表值规定值 2% 的测点，要按照其占总检查点数的百分率来计算扣分值。

基层与底基层厚度设定平均值的代表偏差与极值作为两个指标。代表值偏差超过标准值时，评分为零分。代表值偏差满足要求则视为优良，偏差值满足要求但是超过极值偏差的测点时，按照合格计分。材料要求与配比要符合相关的规定。

（二）填隙碎石基层和底基层

1. 基本要求

用振动压路机碾压，将填缝料填满粗粒孔隙。填缝料设置为5mm以下的干燥粗沙。

2. 外观鉴定

表面完整紧实，边线整齐、统一，没有松散，与要求不相符，每处减1分到2分。

（三）级配碎石基层和底基层

1. 基本要求

配料准确，塑性指数与规定的要求相符合，进行混合料搅拌均匀，没有明显的粗细颗粒离析现象，选用的配料应该与规定相符，碾压应该符合相关要求。

2. 外观鉴定

表面完整、整齐，边线规整，没有松散的现象，与规定的要求不相符合，每处扣除1～2分。

（四）石灰土基层和底基层

1. 基本要求

第一，保湿养生，养生期要与相关的规定相符。

第二，混合料如果处于最佳含水量的时期，必须要使用重型压路机进行碾压。

第三，搅拌的深度要求与规定相符。

第四，石灰、土的质量应与设计要求相符合。不符合规定的要求，必须进行处理。

2. 外观鉴定

表面完整，没有出现坑洼，与要求不相符，每处扣除1～2分。

（五）石灰稳定粒料基层和底基层

1. 基本要求

石灰质量、粒料、矿渣、块灰符合设计要求与施工的要求，混合料处于最佳含水量状况，使用重型压路机进行碾压，保湿养生，养生期要符合相关规范要求。

2. 外观鉴定

表面完整，顺直，没有坑洼，与规定要求不符时，每处扣除 1 分或者是 2 分，施工接茬平稳，与规定要求不符合，每处扣减分数情况，与上述相同。

（六）水泥土基层和底基层

1. 基本要求

土块、水泥、混合料的使用要符合相关规定，用重型压路机碾压，碾压检查合格之后，立即覆盖或者洒水养生。

2. 外观鉴定

表面完整顺利，没有坑洼。与规定的要求不符合时，每一处扣除 1 分或者 2 分。

（七）水泥稳定粒料基层和底基层

1. 基本要求

粒料与设计要求及施工要求相一致，选择合适的粒料，对于没有及时分解的渣块应该进行剔除，碾压检查合格之后要进行覆盖，养生期要与相关的规定相符。

2. 外观鉴定

表面没有坑洼，整体光滑密实，施工接茬平整稳定，与规定不相符时每一处扣除 1～2 分。

（八）石灰、粉煤灰土基层和底基层

1. 基本要求

土块要经过粉碎，石灰与粉煤的质量要符合相关规定，石灰要经过充分消解之后再进行使用，混合料的配置比例应该准确，不能含有灰团与生石灰块，碾压时先使用轻型压路机，再使用重型压路机以达到规定的压实度。在养生期要进行规定养生。

2. 外观鉴定

整个表面没有坑洼，完整紧实，接茬平稳、稳定，若不符合设计要求，按照相关规定每一处扣除 1～2 分。

（九）石灰、粉煤灰稳定粒料基层和底基层

1. 基本要求

根据经过地形的具体情况，选择合适的粒料与材料。矿渣应该进行适当的分解稳定，对于没有进行分解的渣块要进行去除，石灰与粉煤的质量应该符合设计要求。

碾压先使用轻型压路机稳定，后使用重型压路机，以达到规定的压实度，注意保持养生。

2. 外观鉴定

表面完整紧实，没有明显的坑洼与离析现象。与规定的要求不一致的时候，根据实际情况，减 1～2 分。

二、路面面层质量评定方法

（一）沥青表面处治面层

1. 基本要求

第一，在新建或者是旧路的表层进行表面处理时，要将表面所有的杂物清除，底层必须要干净、稳定、平整，一定要保持在干燥的环境中才可以进行下一步工序。

第二，沥青材料的各项指标与相关要求，要符合其他相关的规定与施工规定，不能污染其他建筑物。

第三，嵌缝料一定要趁热撒铺，均匀分布，不能出现重叠现象。

2. 外观鉴定

表面应该光滑平实，不能出现油丁、波浪、封面料明显散失等现象，出现上述缺陷的面积之和不能超过受检面积的 2%，不符合相关的要求按照超过的 0.2% 扣除 2 分。

不能出现积水现象，违反相关的规定，每处减 1～2 分。有积水现象应该及时处理。

（二）沥青混凝土面层和沥青碎石面层

1. 基本要求

①沥青混合料的矿料质量及矿料级配应符合设计要求和施工规范规定。

②沥青材料及混合料的各项指标应符合设计和施工规范要求，沥青混合料生产时，每日应做抽提试验（包括马歇尔稳定度试验）。

③严格控制各种矿料和沥青用量及各种材料和沥青混合料的加热温度。

④拌和后的沥青混合料应均匀一致，无花白、无粗细料分离和结团成块现象。

⑤基层必须碾压密实，表面干燥、清洁、无浮土，其平整度和路拱度应符合要求。

⑥摊铺时应严格掌握摊铺厚度和平整度，避免矿料离析。要注意控制摊铺和碾压温度，并且要碾压至要求的密实度。

2. 外观鉴定

表面平整密实，不应有泛油、松散、裂缝粗细料明显离析等现象。对于高速公路和一级公路，上述缺陷的面积（凡属单条的裂缝则按其实际长度乘以0.2m宽度，折算成面积）之和不得超过受检测面积的0.03%，其他公路不得超过0.05%。不符合要求时每超过0.03%或0.05%减2分。半刚性基层的反射裂缝可不计作施工缺陷，但应及时进行灌缝处理。

搭接处应紧密、平顺，烫缝不应枯焦。不符合要求时，累计每10m长减1分。面层与路缘石及其他构筑物应接顺，不得有积水现象。不符合要求时，每处减1~2分。

（三）水泥混凝土面层

1. 基本要求

第一，基层经过检测，要符合相关要求。验算的基层整体模型量要符合相应设计要求。

第二，施工的配合比例应该根据现场规定，进行实际运算，采用最佳的配合比。

第三，混凝土铺筑之后应按照相关的施工规范要求养生。

第四，施工过程的具体操作按照施工要求执行。

第五，施工选用的材料应该符合规范，不能使用违规材料。

2. 外观鉴定

第一，混凝土表面出现裂纹、脱皮、石子外露、缺边调角、脱皮等病害现象时，不同等级的公路有着不同的要求。对于连续配筋的混凝土路面与钢筋混凝土路面，如果是因为干缩或者温缩产生的裂缝，可以不用减分。

第二，混凝土板的断裂块数，不符合相关要求时，应该采取一定的措施进行处理。

第四节 桥梁施工的质量评价

一、基本要求

第一，施工过程中，应该根据设计施工的相关要求进行施工，确保工程质量与标准。

第二，不同类型的桥梁按照不同的标准进行评定。

第三，对于工厂制造的钢梁，施工单位要参加工厂钢梁试装与验收，根据施工技术的标准进行评定。

二、桥梁总体

（一）基本要求

桥梁施工必须要严格按照设计图纸要求，按照施工规定与相关技术的操作规范，中下承式桥的净空，必须要大于设计要求。

（二）外观鉴定

行驶的车辆在经过桥头搭板的过程中，不能出现跳车现象，与规定的要求不一致的情况，要扣除 3～5 分。桥内的轮廓线条应该清晰顺滑，与规定的要求不一致要减掉 3 分。

三、钻孔灌注桩

（一）设计要求

第一，水下混凝土不能出现断柱或者是夹层。

第二，钢筋笼不能出现上浮现象。

第三，成孔之后必须要进行清孔，确保满足设计要求之后，再灌注水下混凝土。

第四，对于存在质量要求或者是出现问题的桩，应该进行无破损检验或者是钻取芯样。

第五，在凿除桩头的混凝土之后，不应该再出现残余的混凝土。

（二）外观鉴定

无破损检测桩基质量存在缺陷，经过设计单位确定之后，仍然可以使用的，应该扣除 3 分。

四、挖孔桩

(一)基本要求

第一,孔径与孔深必须要符合设计要求与施工要求。

第二,嵌入承台的锚固钢筋长度必须要符合相关规定。

第三,孔底的情况要与规定的设计要求相一致,挖孔要达到规定深度,并及时进行孔底清理。

(二)外观鉴定

错台大时一定要进行重新修正,各个组成部分的接触面积不平的时候,根据具体的情况要扣除 3 分或者是 5 分。

五、混凝土浇筑

(一)基本要求

在进行混凝土浇筑的过程中所使用的一系列的材料及添加剂质量必须要符合相关规定,要根据设计要求与施工要求进行施工,不能出现空洞或者是漏筋的现象。

在特殊地区进行施工的时候,应该符合规定,例如在寒冷地区进行施工的时候,所使用的混凝土骨料必须要按照相关规定进行抗冻实验,结果合格之后才可以进行使用,混凝土的基础地基也要满足设计要求,不能出现超挖回填虚土。

(二)外观鉴定

第一,混凝土表面平整,施工缝平顺,与要求不符合时,每一处扣减 2 分。

第二,小型构建外形清晰,不能出现翘曲现象,不符合规定的最多扣除 3 分。

第三,预制桩的桩顶与桩尖不能出现蜂窝麻面现象,情节严重的一定要进行整修,不符合相关要求的每一处扣除 3~5 分。

第四,混凝土表面出现裂缝时,裂缝的宽度若超过 0.15mm 则必须进行处理。

第五,混凝土蜂窝麻面的面积不能够超过规定面积的 0.5%,深度不能超过 10mm,超过规定的 0.5%,扣除 5 分。

六、桥面铺装

（一）基本要求

桥面铺装的数量不能超过设计要求。除此之外，桥面泄水孔的进水口应该比桥面的高度要低，以避免在下雨天出现意外。

（二）外观鉴定

桥面铺装的数量不能超过设计要求。桥面应排水情况良好，不会发生淤积等情况，若是不符合规定，应该扣除 3～5 分。

参考文献

[1] 邓小军. 公路施工技术[M]. 沈阳：东北大学出版社，2014.

[2] 傅智. 水泥混凝土路面施工技术[M]. 上海：同济大学出版社，2004.

[3] 高连亭. 公路路基工程施工技术与质量检验[M]. 北京：中国标准出版社，2003.

[4] 李林军. 公路施工[M]. 2版. 成都：西南交通大学出版社，2011.

[5] 李新军. 公路工程试验检测技术[M]. 济南：山东大学出版社，2012.

[6] 刘培文，邢凤岐，王振清. 公路路基路面施工技术[M]. 北京：清华大学出版社，2012.

[7] 王琦. 公路工程施工技术[M]. 北京：科学技术文献出版社，2015.

[8] 魏建明. 公路施工技术与管理[M]. 北京：人民交通出版社，2010.

[9] 魏青瑞. 公路工程施工中的试验检测[M]. 济南：山东大学出版社，2015.

[10] 赵井旺，周奎，于泾泓. 公路桥涵工程施工安全技术与风险控制[M]. 北京：中国铁道出版社，2016.

[11] 赵亚兰，郭红兵. 公路工程[M]. 北京：清华大学出版社，2010.

[12] 何永荧. 探析公路工程监理在施工阶段的质量控制对策[J]. 建材与装饰，2018（30）：258-259.

[13] 赵鹏飞. 工程监理在公路工程施工中的作用[J]. 交通世界，2018(20)：152-153.

［14］刘艳峰.公路工程施工管理模式创新策略分析［J］.交通世界，2018（23）：161-162.

［15］吴海荣.公路工程施工项目管理关键问题的研究［J］.交通世界，2018（25）：148-149.

［16］高新文.公路工程施工技术及安全管理要点[J].交通世界，2018(25)：142-143.

［17］董进虎.公路工程施工建设与改进［J］.交通世界，2018（25）：140-141.

［18］毛书华.公路工程路基路面压实施工技术[J].交通世界，2018(27)：40-41.

［19］梁文力.公路路基施工技术及其质量控制的应用分析［J］.住宅与房地产，2018（28）：207.

［20］李晓军，王春海.探究公路施工技术及道路路面施工的质量控制措施［J］.科技风，2018（30）：107.

［21］刘志芳.论公路监理中的质量控制策略［J］.工程建设与设计，2018（19）：290-292.

［22］秦瑜.公路工程施工管理及质量控制措施分析[J].黑龙江交通科技，2018，41（10）：231-232.

［23］郭彩节.浅谈公路工程施工质量管理与控制［J］.中小企业管理与科技（中旬刊），2018（10）：58-59.

［24］陈华伟.公路工程路基施工质量控制技术［J］.交通世界，2018(30)：104-105.